KAWADE
夢文庫

漢字力
底上げドリル

日本語倶楽部[編]

河出書房新社

社会人なら知っておきたい基本の読み書きを総チェック！◉はじめに

マネー、歴史、美術、ビジネスマナー……昨今はさまざまなジャンルの知識や雑学が、「大人の教養」として必須だといわれています。

しかし大人の教養の基本中の基本といえば「読み書き」の能力です。これが身についていないと、そもそもお話になりません。本を読むにしろ、専門家の話を聴くにしろ、内容がスムーズに理解できないはずです。

また、公の場で「云々」を「でんでん」、「未曽有」を「みぞうゆう」などと読んだら本人が恥ずかしいだけでなく、話の信憑(しんぴょう)性をダウンさせてしまうでしょう。

たとえば、次の問題、あなたはすべて間違いなく読めますか？

- **汚名**を**雪ぐ**。
- **叱咤激励**する。

・**夥しい**数のアリ。
・**枚挙**に**暇**がない。
・**画竜点睛**を欠く。

もちろん書くときも同じです。SNSやメールの発達で、文字でのやりとりは増える一方。スマホやパソコンは端末が変換してくれるため難しい漢字でも楽に使えますが、うろ覚えではうっかり変換ミスをしがちです。

文章の中に誤字が交ざっていれば、内容もそこそこのレベルだと思われるでしょう。つまり「誤用の日本語」は、それだけであなたを「残念な人」に見せてしまいかねないのです。

本書は小学生レベルの超常識的な漢字から、使いこなせれば立派なオトナとみなされるレベルの漢字まで網羅しています。クイズを解く感覚で、楽しみながら教養の土台を手に入れてください。

日本語倶楽部

漢字力 底上げドリル／目次

1章●読み・初級編
まずは小手調べ！ これが読めなきゃ恥ずかしい

2章●書き・初級編

漢字が苦手でもこの程度はすんなり書きたい

3章●読み・中級編
これが読めるかが分かれ道！大人なら正解したいレベル

4章●書き・中級編

ふだん使う言葉でもいざ漢字を問われると…

5章●読み・上級編

8割できたら、あっぱれ! 漢字力はかなりのもの

6章●書き・上級編
ここまでくると日本語力も試される

7章●読み・免許皆伝編
知性派を目指すならぜひともマスターしたい

8章●書き・免許皆伝編
ハイクラスの教養をものにしたいあなたに

本文イラスト＊城戸ふさ子
協力＊岩瀬晃子

1章●読み・初級編

まずは小手調べ！
これが読めなきゃ恥ずかしい

1 これくらいは余裕で読めるはず！

◆次の太字部分の読み方を答えてください。

1　荷物を**背負う**。
2　ムダを**省く**。
3　親に**逆らう**。
4　仕事が**滞る**。
5　そろそろ**潮時**だ。
6　手伝いを**快く**引き受ける。

【解答と解説】

1　せおう
2　はぶく
3　さからう
4　とどこおる　物事が順調に進まず、停滞する。
5　しおどき　ちょうどいい時期。
6　こころよく　いやな気持ちをもたないこと。

◆次の読み方、正しいのはどちらでしょう。

1　株価が**下落**｛からく／げらく｝した。

2　**確固**｛かっこ／かくこ｝たる信念。

3　**権力**｛けんりょく／けんりき｝を握る。

4　**素質**｛ししつ／そしつ｝がある。

5　**旗色**｛きしょく／はたいろ｝が悪い。

【解答と解説】

1　げらく

2　かっこ　たしかでしっかりしているさまを表す。

3　けんりょく　他人を支配し服従させる力。または、法律にもとづく国家・政府による強制力。

4　そしつ

5　はたいろ　形勢、立場。戦場の旗が翻〈ひるがえ〉る様子で戦況を知ることから転じた。

◆次の慣用句の読み方を答えてください。

1 **高**をくる。
2 足元に**火**がついた。
3 なす**術**がない。
4 口を**尖**らせる。
5 井の中の**蛙**。
6 **根**をつめる。
7 **気**が置けない。
8 腹も**身**のうち。

【解答と解説】

1 たか　だいたいそんな程度だろうと見くびること。
2 ひ
3 すべ
4 とが
5 かわず　狭い世界にいて広い世界を知らないこと。
6 こん　精神を集中し没頭すること。
7 き
8 み

◆次の熟語の読み方を答えてください。

1 **頭上**にかかげる。
2 **視野**が広い人物。
3 家を**留守**にする。
4 敵が**一目散**に逃げ出す。
5 **農作物**に被害が出た。
6 仕事が**一段落**する。
7 **雑木林**が見える。
8 対応は**後手**に回った。

【解答と解説】
1 ずじょう
2 しや
3 るす
4 いちもくさん
5 のうさくぶつ 「のうさくもつ」と読んでも間違いではない。
6 いちだんらく
7 ぞうきばやし
8 ごて 相手に先を越され、あとから応じるという意味。

2 ニュースなどでよく見聞きする言葉

◆次の太字部分の読み方を答えてください。

1 **安否**を確認する。

2 給料に**匹敵**する金額。

3 **過ち**を犯す。

4 **空前**のブーム。

5 **行方**をくらませる。

6 川をはさんで**対峙**する。

【解答と解説】

1 あんぴ

2 ひってき　比べてみて、能力や価値などがつり合うこと。

3 あやまち

4 くうぜん　前例がないこと。

5 ゆくえ

6 たいじ　向き合って立つこと。

7 事態は**収束**に向かった。

8 新聞に**広告**を載せる。

9 要点を**簡潔**にまとめる。

10 **遺言**状を作成する。

11 **便乗**値上げ反対！

12 2人が**握手**を交わす。

13 警察の**捜査**が進む。

14 容疑者を**詰問**する。

---

7 しゅうそく　混乱していたものがおさまること。

8 こうこく

9 かんけつ　簡単で要領を得ているさま。手みじかではっきりしていること。

10 ゆいごん

11 びんじょう　他人の乗り物に相乗りすること。チャンスをとらえて利用することにも使う。

12 あくしゅ

13 そうさ　起訴するために犯人や証拠を調査すること。

14 きつもん

◆次の読み方、正しいのはどちらでしょう。

1 **意図**｛いと／いず｝を見抜く。

2 テロの**遠因**｛とおいん／えんいん｝は貧困にある。

3 彼が**音頭**｛おんど／おんとう｝を取った。

4 党首が**遊説**｛ゆうぜつ／ゆうぜい｝する。

5 悲願が**成就**｛じょうじゅ／せいじゅ｝する。

【解答と解説】

1 いと

2 えんいん　関接的な原因。

3 おんど　「音頭を取る」は人の先頭に立って計画したり、指導したりすること。

4 ゆうぜい　自分の意見を説いて回ること。「遊」には歩き回るという意味がある。

5 じょうじゅ　願いがかなうこと。また、成し遂げること。

6 金の**亡者**｛もうじゃ／ぼうじゃ｝と化す。

7 問題を**安易**｛あんい／あんえき｝に考える。

8 新体制が**発足**｛ほっそく／はっそく｝した。

9 **場数**｛ばすう／ばかず｝を踏む。

---

6 もうじゃ　本来は死者のことだが、何かにひどく執着〈しゅうちゃく〉している人という意味もある。

7 あんい

8 ほっそく　組織などが新しく設けられ、活動を始めること。

9 ばかず　「場数を踏む」は多くの経験を積むこと。

3 ビジネスシーンでは常識な表現

◆次の動詞の読み方を答えてください。

1　幹事役を**務める**。
2　新規の事業を**企てる**。
3　急いで社員を**遣わす**。
4　1年の業績を**顧みる**。
5　先方の意見を**伺う**。
6　ペンを**執る**。

【解答と解説】

1　つとめる　その役目に当たること。
2　くわだてる
3　つかわす　立場が上の者が下の者を動かすこと。
4　かえりみる　過去のことを考える。
5　うかがう
6　とる

7 審議会に**諮る**。

8 身なりを**繕う**。

9 自分を**卑しめる**行い。

10 気を**紛らす**。

11 学問を**究める**。

12 大きな痛手を**被る**。

13 顧客に**詫びる**。

14 会社を**営む**。

---

7 はかる 「諮」は上の者が下の者に相談したり、他人の意見を聞くことを意味する。

8 つくろう

9 いやしめる

10 まぎらす

11 きわめる 物事の真理・本質に行き着くこと。

12 こうむる

13 わびる

14 いとなむ 怠〈おこた〉らずに、せっせと努める。経営する。

◆次の太字部分の読み方を答えてください。

1　部下に**指図**する。
2　**体裁**をとりつくろう。
3　**出納**簿をチェックする。
4　**親身**に忠告する。
5　**暗算**で答えを出す。
6　**以後**、気をつけます。
7　あの人は**度胸**がある。
8　**頭金**を払う。

【解答と解説】

1　さしず
2　ていさい　他人の目にうつる自分の姿。世間体。
3　すいとう　出すことと入れる（納める）こと。
4　しんみ　肉親にするような温かい心づかいをすること。
5　あんざん
6　いご
7　どきょう
8　あたまきん

9 これは**火急**の課題だ。

10 お金を**工面**する。

11 **上前**をはねる。

12 プロジェクトを**完遂**した。

13 **正札**をつける。

14 **全幅**の信頼を寄せる。

15 **歩合**給なので、がんばるよ。

16 見かけによらず、**下戸**なんです。

---

9 かきゅう　ひどく差し迫っていること。

10 くめん　工夫して、必要なものを手に入れること。

11 うわまえ

12 かんすい　最後まで完全にやり遂げること。「かんつい」ではない。

13 しょうふだ　正規の価格札。

14 ぜんぷく　ありったけの。あらん限りの。「幅」は「ふく」でなく、「ぷく」と読む。

15 ぶあい

16 げこ　お酒を飲めない人。

4 うっかり〝ウソ読み〟をしていませんか？

◆次の読み方、正しいのはどちらでしょう。

1 彼には**思惑**｛おもわく／しわく｝があるようだ。

2 **端緒**｛たんちょ／たんしょ｝を開く。

3 **凡例**｛ぼんれい／はんれい｝に目を通す。

4 今太閤（いまたいこう）の**異名**｛いな／いみょう｝をとる。

【解答と解説】

1 おもわく

2 たんしょ　物事のきっかけ。「たんちょ」は慣用読み。

3 はんれい　辞書などの最初のページにある使い方を記した箇条書きのこと。

4 いみょう「いめい」とも読むが、こちらが無難。

5 **貼付**｛てんぷ／ちょうふ｝タイプの解熱剤。

6 街の名所は**十指**｛じっし／じゅっし｝に余る。

7 まだほんの**乳飲み子**｛ちちのみご／ちのみご｝だ。

8 パンフレットを**頒布**｛はんぷ／ぶんぷ｝する。

9 プロとしての**矜持**｛きんじ／きょうじ｝をもつ。

10 長崎を**探訪**｛たんほう／たんぼう｝する。

---

5 ちょうふ 「てんぷ」は慣用読み。

6 じっし 「十指に余る」で数えられないほど多いという意味。

7 ちのみご 「乳」の読み方は「ち」が正解。

8 はんぷ 広く配って、行きわたらせること。

9 きょうじ プライド。

10 たんぼう 「訪」を濁〈にご〉って読むことに注意。物事を見聞きして歩き回ること。

5 体の部位や健康状態を表す漢字

◆次の太字部分の読み方を答えてください。

1 **額**が広い。

2 **丈夫**な体が自慢だ。

3 **白髪**が目立つようになった。

4 **筋骨**たくましいレスラー。

5 小麦色に焼けた**皮膚**。

6 **素肌**の美しい女性。

【解答と解説】

1 ひたい 「猫の額」というと、狭いことのたとえ。

2 じょうぶ

3 しらが・はくはつ

4 きんこつ 筋肉と骨、つまり体つき。

5 ひふ

6 すはだ

7 **仮病**を使って会社を休んだ。

8 彼は少し**上背**が足りない。

9 胸を形づくる骨が**肋骨**。

10 胸の上方から肩へと伸びる**鎖骨**。

11 **寝ぼけ眼**で時計を見る。

12 **病床**につく。

13 動脈と**静脈**。

14 彼女は**二重**まぶただ。

---

7 けびょう

8 うわぜい　身長のこと。「背」の読み方に注意。

9 ろっこつ　「じょこつ」と読み間違えないように。

10 さこつ

11 ねぼけまなこ　「眼」は「まなこ」と読む。

12 びょうしょう　病人の寝る床〈とこ〉。

13 じょうみゃく　血液を回収して心臓に運ぶ血管。「静」を「じょう」と読む熟語は、ほかにあまりない。

14 ふたえ

◆次の読み方、正しいのはどちらでしょう。

1 **肘**｛ひじ／ひざ｝をぶつけた。

2 やわらかな**産毛**｛うぶげ／うみげ｝。

3 **声色**｛こえいろ／こわいろ｝を使う。

4 **不治**｛ふじ／ふい｝の病に倒れる。

5 **猪首**｛いのくび／いくび｝の男。

【解答と解説】

1 ひじ

2 うぶげ　柔らかく、薄く生えている毛のこと。

3 こわいろ　口調や声の音色。声の調子。「声色を使う」は声を真似ること。

4 ふじ　病気が治らないこと。「ふち」とも読む。

5 いくび　イノシシのように太くて短い首のこと。

6 あの人は**脂性**｛あぶらしょう／しせい｝だ。

7 すっかり**治癒**｛じゆ／ちゆ｝した。

8 **反身**｛はんしん／そりみ｝になる。

9 **生薬**｛しょうやく／せいやく｝配合。

10 **解毒**｛かいどく／げどく｝作用がある。

11 **椎間板**｛ついかんばん／すいかんばん｝ヘルニア。

---

6 あぶらしょう　肌が脂ぎっている体質。脂汗、脂身など、「脂」を「あぶら」と読む熟語はけっこう多い。

7 ちゆ　治って癒〈い〉えるという意味で、傷や病気が治ること。

8 そりみ　体を後方に反らせること。「反身になる」でいばった様子、得意がる様子を表す。

9 しょうやく　動植物の抽出物を、薬の原料としたもの。

10 げどく

11 ついかんばん

6 風体は「ふうてい」か「ふうたい」か

◆次の読み方、正しいのはどちらでしょう。

1 あの人は**馬力**{ばりき／ばりょく}がある。

2 **沢山**{さわやま／たくさん}の人が集まった。

3 **茶店**{さてん／ちゃみせ}に寄る。

4 **声高**{こわだか／こえだか}な反対にあった。

【解答と解説】

1 ばりき

2 たくさん

3 ちゃみせ　道端でお茶やお菓子を出す店。「さてん」と読んで喫茶店の略だと勘違いしないように。

4 こわだか　声を高く張り上げて出すこと。

5 列の**最後尾**｛さいこうび／さいごび｝に並ぶ。

6 あやしげな**風体**｛ふうてい／ふうたい｝の男。

7 **虚空**｛こくう／きょくう｝をじっと見つめる。

8 **水稲**｛みずいね／すいとう｝を収穫する。

9 推理小説は**伏線**｛ふせせん／ふくせん｝が大事。

10 笑顔に当時の**面影**｛おもかげ／めんえい｝がある。

---

5 さいこうび

6 ふうてい　服装を含めた身なり。「体」の読み方に注意。

7 こくう　何もない空中のこと。「虚空をつかむ」とは、苦しんで空中をにぎりしめているさまをいう。

8 すいとう　水田で栽培する稲のこと。「陸稲」という畑地で稲を栽培する方法もある。

9 ふくせん　後で述べることを先にほのめかすこと。

10 おもかげ

11 ご**相伴**｛しょうばん／あいばん｝にあずかる。

12 彼は**在郷**｛ざいきょう／ざいごう｝の詩人です。

13 彼女の**所作**｛しょさ／しょさく｝は美しい。

14 **異形**｛いけい／いぎょう｝の怪物に襲われた。

15 **店屋物**｛みせやもの／てんやもの｝をとった。

16 漢字の読みを**会得**｛かいとく／えとく｝する。

---

11 しょうばん　もてなしを受けること。

12 ざいごう　都会から離れたところ。または、郷里にいること。「郷」の読み方がポイント。

13 しょさ　ふるまいのこと。「作」の読み方に注意。

14 いぎょう　普通とは違った姿形。

15 てんやもの　いわゆる出前のこと。

16 えとく　理解して身につけること。「会」の読み方に注意。

17 彼は**出不精**｛でぶしょう／でふせい｝だ。

18 **門扉**｛もんとびら／もんぴ｝が閉じられた。

19 わが社は**年俸**｛ねんぼう／ねんぽう｝制だ。

20 戻り**次第**｛しだい／じだい｝、ご連絡します。

---

17 でぶしょう　外出することを面倒くさがって家から出ない性質のこと。

18 もんぴ　建物の門の扉。

19 ねんぽう　1年を単位として支給される賃金のこと。

20 しだい

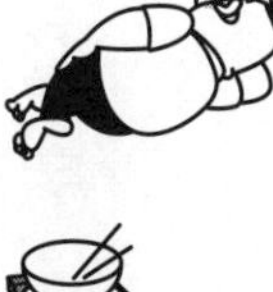

7 煎茶、饅頭…間違うとマズイ「食」の漢字

◆次の太字部分の読み方を答えてください。

1 **煎茶**を飲む。
2 **饅頭**をほおばる。
3 小魚の**佃煮**。
4 **焙じ茶**のよい香り。
5 **黄粉**をまぶした餅(もち)。
6 おやつに**杏仁豆腐**を食べた。

【解答と解説】

1 せんちゃ
2 まんじゅう
3 つくだに
4 ほうじちゃ　番茶や煎茶を強くきつね色になるまで火であぶり、こがし気味に焙じた茶。
5 きなこ
6 あんにんどうふ

7 **飲茶**を楽しむ。

8 **葱**をきざむ。

9 **胡桃**を使ったケーキ。

10 **海苔**を巻いたおにぎり。

11 お風呂に**柚子**を浮かべた。

12 昆布で**出汁**をとる。

13 **冷や奴**をつまみに飲む。

14 **肉汁**があふれ出る。

---

7 やむちゃ　中国で、昼食と夕食の間に茶を飲みつつ、点心類を食べる軽い食事。

8 ねぎ

9 くるみ

10 のり

11 ゆず

12 だし　かつお節、昆布などを煮出して取ったうまみ。また、自分の利益のために人を利用すること。「人をだしに使う」などという。

13 ひややっこ

14 にくじゅう　肉を焼いたり、煮出したときの汁のこと。

◆次の（　）内の読み方は○・×のどちらでしょう。×の場合は正しい読み方を答えてください。

1　**極上**（ごくじょう）の一皿。

2　あなごの**白焼き**（しろやき）。

3　何代も続く**酒蔵**（さけぐら）。

4　鍋のシメは**雑炊**（ぞうすい）だ。

5　肉の**旨味**（うまみ）が出る。

6　魚を**一尾**（いちお）買う。

7　**温州**（おんしゅう）みかんを食べた。

【解答と解説】

1　○

2　×　しらやき　魚にタレをつけず、そのまま焼くこと。

3　×　さかぐら

4　○

5　○　おいしい味。「旨味のある仕事」など商売でいい思いをする意味でも使う。

6　×　いちび　「尾」は魚を数える単位で、魚1匹の意。

7　×　うんしゅう

8 **壬生菜**（みぶな）の漬物。

9 **金平**（こんぴら）ごぼう。

10 品のいい**精進料理**（しょうじんりょうり）。

11 **強力粉**（きょうりょくこ）を使う。

12 みそ汁の具は**若布**（わかめ）。

13 おいしい**鉄火丼**（てっかどん）。

14 名物の**生蕎麦**（なまそば）。

15 **活魚**（いきうお）料理の店へ行く。

---

8 ○ 京都市壬生地区で古くから栽培されてきた野菜。

9 × きんぴら

10 ○ 肉や魚を使わず、米や野菜などでつくった料理。

11 × きょうりきこ

12 ○ 「若芽」と書けば、植物全般の若い芽のこと。

13 ○

14 × きそば　そば粉だけで作ったそば。今はつなぎ入りのいわゆる「二八そば」でも生蕎麦と名乗るものも。

15 × かつぎょ　生きている魚をさばいて調理した料理。

8 街角や広告で見かけるこの字、読めますか？

◆次の読み方、正しいのはどちらでしょう。

1 **木綿**｛きめん／もめん｝豆腐が大安売りだ。

2 **月極**｛げっきょく／つきぎめ｝駐車場を借りる。

3 南向きの**角地**｛かどち／かくち｝。

4 **若干**｛じゃくかん／じゃっかん｝名を募集します。

【解答と解説】

1 もめん

2 つきぎめ　1か月いくらと決めた約束・契約。

3 かどち　道路のカドに面した土地のこと。

4 じゃっかん　「若干名」といえば、2～3人を表すのが普通。

5 **報酬**｛ほうしゅう／ほうす｝を支払う。

6 **委細**｛いさい／しさい｝面談。

7 **坪数**｛つぼかず／つぼすう｝はどのくらいですか。

8 部屋の**眺望**｛ちょうぼう／ちょうもう｝が抜群だ。

9 一般**病棟**｛びょういん／びょうとう｝に移された。

10 **賃貸**｛ちんがし／ちんたい｝マンションに住む。

---

5 ほうしゅう

6 いさい「委」にはつまびらかという意味があり、細かく詳しいことという意味。

7 つぼすう　土地の単位。坪はその昔「壺」と書き、垣などで囲まれた一区画をさした。

8 ちょうぼう　見晴らし。遠くを見わたすこと。

9 びょうとう

10 ちんたい　お金を取って、物を相手に貸すこと。

11 **往診**｛おうしん／じゅうしん｝をお願いします。

12 **天窓**｛てんまど／てんそう｝がある家。

13 絹のような**風合い**｛かざあい／ふうあい｝です。

14 **納戸**｛なんど／のうど｝付きの物件を探す。

15 この先は袋**小路**｛こみち／こうじ｝だよ。

16 **囲碁**｛いご／いせき｝クラブに通う。

---

11 おうしん　医者が患者の家まで行って、診察すること。

12 てんまど　光をとるためや煙を出すために、屋根にあけた窓。「明かり窓」とも呼ばれる。

13 ふうあい　生地などの触り心地などから受ける材質感。

14 なんど　普段使わない物などを収納しておく部屋。現在のマンションでいうサービスルーム。

15 こうじ　町の中の狭い通りのこと。「小路〈こみち〉」が音変化した。

16 いご

17 **身一つ**｛しんひとつ／みひとつ｝で来ればいい。

18 **恒例**｛こうれい／たんれい｝の企画を担当する。

19 **施工**｛せこう／しこう｝管理は任せた。

20 **査定**｛きてい／さてい｝がまだ終わっていない。

21 **一時**｛いちじ／いっとき｝停止の標識。

22 **閑静**｛こんせい／かんせい｝な住宅地。

---

17 みひとつ　金や財産が全くない状態。

18 こうれい　いつも決まって行われること。多く、儀式や行事にいう。

19 せこう　土木・建築などの工事を実施すること。

20 さてい　金額・等級・合否などを調査したうえで決定すること。

21 いちじ

22 かんせい　ひっそりと静かで落ち着いているさま。

9 自然豊かな日本ならではの言葉

◆次の太字部分の読み方を答えてください。

1 本日は**晴天**なり。

2 山は**吹雪**になった。

3 **入道雲**を見上げる。

4 **雨脚**が速い。

5 登山中に**雪崩**が起きた。

6 **三角州**について調べる。

【解答と解説】

1 せいてん

2 ふぶき　動詞だと「吹雪く」になる。

3 にゅうどうぐも

4 あまあし

5 なだれ

6 さんかくす　河川に運ばれてきた土砂が、河口付近に堆積してできた地形のこと。

7 北欧の**白夜**。

8 **肥沃**な三日月地帯。

9 今年は**空梅雨**だ。

10 **湖沼**の生物を研究する。

11 **極寒**の地に行ってきた。

12 しとしとと**春雨**が降る。

13 建物を壊して**更地**になった。

14 金星は明けの**明星**。

---

7 びゃくや 「はくや」でも正解。

8 ひよく

9 からつゆ 梅雨の時期に雨がほとんど降らないこと。

10 こしょう みずうみとぬま。「沼」を「しょう」と読むところがポイント。

11 ごっかん

12 はるさめ 春、若い芽の出るころに静かに降る雨。

13 さらち 手を加えられていない状態の土地。何の用途にも当てられていない土地。

14 みょうじょう

10 スポーツの世界でおなじみの言い回し

◆次の太字部分の読み方を答えてください。

1 オリンピックの**種目**。
2 **現役**を続行する。
3 チームは大きな**痛手**を負った。
4 **真っ向**勝負に出る。
5 **四球**で打者は一塁へ。
6 **死球**で打者は一塁へ。

【解答と解説】

1 しゅもく
2 げんえき
3 いたで
4 まっこう　真正面のこと。「真っ向勝負に出る」は、細かく計算したりせず、体当たりするという意味。
5 しきゅう　フォアボール。
6 しきゅう　デッドボール。

7 **序盤**から苦しい展開。

8 驚きの**喚声**が上がった。

9 勝者を**称える**。

10 **強豪**チームと対戦する。

11 **屈指**の名勝負だった。

12 近年、**台頭**してきた勢力。

13 勝利の**美酒**に酔う。

14 狙うは全国**制覇**だ。

---

7 じょばん

8 かんせい　興奮したり驚いたりしたときに発する叫び声。

9 たたえる　立派だとほめること。

10 きょうごう

11 くっし　指を折って数え上げられるくらい優れていること。

12 たいとう　勢いを増してくること。

13 びしゅ

14 せいは　おさえつけて主導権を握る。優勝すること。

11 間違えたら恥をかく！ 基本の慣用表現

◆次の慣用的な表現の読みを、ヒントをもとに答えてください。

1 **野に下る。**
↓官職を捨てて民間人になること

2 **群を抜く。**
↓抜群のこと

3 **頭が高い。**
↓時代劇でおなじみ

4 **思いの外。**
↓意外なさま

【解答と解説】

1 やにくだる 「野に遊ぶ」なら「の」。野原を意味する。

2 ぐんをぬく

3 ずがたかい 目上の人に対して無礼で横柄〈おうへい〉なさま。

4 おもいのほか（例：以下同）―（に）軽い。

5 我が強い。
↓自己主張が強い

6 真に迫る。
↓まるで真実のよう

7 空を切る。
↓空振り

8 端を発する。
↓きっかけになること

9 私腹を肥やす。
↓横領や着服など

10 陰にこもる。
↓外に発散しない状態

---

5 がつよい

6 しんにせまる　「真に受ける」なら「まにうける」と読む。

7 くうをきる　「空」は地面から離れた何もないところ。

8 たんをはっする　領土争いに——した紛争。

9 しふくをこやす　公の地位や立場を利用して私財を増やすこと。

10 いんにこもる　陰にこもるのは不平・不満など、ネガティブなものと決まっている。

12 「胸」は「むね」、では「胸板」はなんと読む？

◆次の太字部分は（　）とは違う読み方をします。それぞれなんと読むでしょう。

1　手（て）………　a・**手綱**
　　　　　　　　　b・**手繰る**
　　　　　　　　　c・**手折る**

2　目（め）………　a・**目深**
　　　　　　　　　b・**目のあたり**

3　声（こえ）………**声音**

【解答と解説】

1　a・たづな
　　b・たぐる　手元へ引き寄せること。
　　c・たおる　手で折る。

2　a・まぶか　帽子など目が隠れるほど深くかぶっている様子。
　　b・まのあたり　目の前。

3　こわね　声の様子。

4 胸（むね）……a・**胸板**　b・**胸騒ぎ**　c・**胸元**

5 酒（さけ）……a・**酒屋**　b・**酒樽**

6 木（き）……a・**木立**　b・**木の葉**

7 火（ひ）……a・**火影**　b・**火照り**

4
a・むないた
b・むなさわぎ　心配事や悪いことが起こるような予感がして心が穏やかでないこと。
c・むなもと

5
a・さかや
b・さかだる

6
a・こだち　立ち並んで生えている木。
b・このは

7
a・ほかげ　火の光のこと。
b・ほてり　熱気や怒り、恥ずかしさで顔が赤くなること。

8 風（かぜ）……
a・**風穴**
b・**風下**

9 雨（あめ）……
a・**雨戸**
b・**雨雲**

10 白（しろ）……
a・**白壁**
b・**白ける**

11 金（かね）……
a・**金具**
b・**金縛り**

8
a・かざあな 「ふうけつ」と読むことも。「風穴を明ける」は閉ざされた状態に新風を吹き込むこと。
b・かざしも

9
a・あまど
b・あまぐも

10
a・しらかべ 白い漆喰〈しっくい〉でつくった壁。
b・しらける

11
a・かなぐ
b・かなしばり 主に就寝中、意識がはっきりしていながら体を動かすことができない症状。

12 船（ふね）……
a・**船旅**
b・**船着場**

13 上（うえ）……
a・**上着**
b・**上乗せ**

14 稲（いね）……
a・**稲作**
b・**稲穂**

12
a・ふなたび
b・ふなつきば

13
a・うわぎ
b・うわのせ　ある金額や数量にさらに追加すること。

14
a・いなさく
b・いなほ

13 よく口にする動詞を漢字にすると…

◆次の太字部分の読み方を答えてください。

1 雪道で足が**滑る**。

2 ネジが**緩む**。

3 夏は食欲が**失せる**。

4 精神力を**培う**。

5 財界を**牛耳る**大物。

6 おふろに**浸かる**。

【解答と解説】

1 すべる

2 ゆるむ

3 うせる

4 つちかう　養う。育て上げる。

5 ぎゅうじる　組織をしきること。

6 つかる

7 健康を**損なう**。

8 背骨が**反る**。

9 世間の常識を**説く**。

10 彼が**絡む**とやっかいだ。

11 生徒を**諭す**。

12 罪を**償う**。

13 ヘソクリを借金の返済に**充てる**。

14 選手がゴール前で**競る**。

---

7 そこなう

8 そる　弓なりに曲がること。

9 とく　納得するように話してわからせること。

10 からむ

11 さとす　道理をわかりやすく教える。

12 つぐなう

13 あてる　ある目的や用途に使う。

14 せる　相手に勝とうと競い合うこと。市場で書い手と売り手が大声を上げながら価格を決める「競り」も、この字。

◆太字部分の読み方は、どちらが正しいでしょう。

1 テーブルを花で**彩る**｛いろどる／あやどる｝。

2 釣りに**興ずる**｛こうずる／きょうずる｝。

3 トラブルを**免れる**｛まぬかれる／のがれる｝。

4 あの日の記憶が**蘇る**｛もどる／よみがえる｝。

5 チームの旗を**揚げる**｛かかげる／あげる｝。

【解答と解説】

1 いろどる　色鮮やかに飾ること。

2 きょうずる　おもしろがって楽しむこと。

3 まぬかれる　「まぬがれる」と濁〈にご〉って読んでも間違いではない。

4 よみがえる　失っていた状態のものがもとに戻ること。

5 あげる　単に「上げる」よりも、空高くかかげるニュアンス。「かかげる」は「掲げる」と書く

6 商店街が**廃れる**｛すたれる／さびれる｝。

7 自らを**戒める**｛いましめる／いさめる｝。

8 権力に**抗う**｛さからう／あらがう｝人もいる。

9 不満そうに**呟く**｛つぶやく／うめく｝。

10 返事を**急かす**｛せかす／いそかす｝。

11 仕事に**勤しむ**｛いそしむ／つとしむ｝。

---

6 すたれる　衰えること。

7 いましめる　過ちを犯さないよう注意する。

8 あらがう　従わないで争ったり言い返したりすること。

9 つぶやく　小声で独り言をいう。小さな声でぶつぶつと不平をいう。

10 せかす　早くするように促す。じらす。

11 いそしむ　熱心に励む。精を出して働くこと。

14 濁るか濁らないかが、運命の分かれ道

◆同じ漢字を使っても、濁る読み方と濁らない読み方があります。太字部分の漢字はどちらでしょう。（ ）の中から正しいほうを選んでください。

1 合……a・紅白歌**合戦**を見る。
b・大きな**合戦**があった。
（かっせん・がっせん）

2 沙……a・刃傷（にんじょう）**沙汰**を起こす。
b・地獄の**沙汰**も金次第。
（さた・ざた）

【解答と解説】

1 a・がっせん
b・かっせん

2 a・ざた 「刃傷沙汰」は刃物で人を傷つけること。
b・さた 善悪・是非などを論じて決めること。

3 示……a・新約聖書の**黙示録**。
(もくしろく・もくじろく)
b・**指示**を出す。
(しし・しじ)

4 伝……a・**伝馬船**に乗る。
(てんません・でんません)
b・**伝統**を重んじる。
(てんとう・でんとう)

5 神……a・三種の**神器**。
(しんぎ・じんぎ)
b・**神話**の世界。
(しんわ・じんわ)

---

3 a・もくしろく 1世紀末に迫害に苦しむキリスト教徒を励まし、慰めるために書かれた書。
b・しじ

4 a・てんません 荷物などを運ぶ小舟。「てんまぶね」ともいう。
b・でんとう

5 a・じんぎ 神から受け伝えた宝。三種の神器は皇位継承の印として歴代の天皇が受け継ぐ、鏡・玉・剣の三種の宝。
b・しんわ

6 分……

a・**分銅**で重さを量る。
(ふんどう・ぶんどう)

b・**分量**を見る。
(ふんりょう・ぶんりょう)

7 好……

a・孫に囲まれて**相好**を崩す。
(そうこう・そうごう)

b・担当者に**好意**をもつ。
(こうい・ごうい)

8 読……

a・『日本語**読本**』を読む。
(とくほん・どくほん)

b・**読書**感想文を書く。
(とくしょ・どくしょ)

---

6 a・ふんどう　天秤で重さを量るときの標準となる重り。

b・ぶんりょう

7 a・そうごう　表情のこと。仏教で仏の体に備わっている特徴のことで、32の「相」と80の「好」の総称。

b・こうい

8 a・とくほん　やさしく解説した読み物につける名称。

b・どくしょ

9 生……
a・**平生**から健康に注意する。
（へいせい・へいぜい）
b・**先生**に怒られた。
（せんせい・せんぜい）

10 跡……
a・浄土真宗の**門跡**は本願寺。
（もんせき・もんぜき）
b・犯人を**追跡**する。
（ついせき・ついぜき）

11 敗……
a・悪人を**成敗**する。
（せいはい・せいばい）
b・**勝敗**が決まった。
（しょうはい・しょうばい）

9
a・へいぜい　ふだん。
b・せんせい　もとは自分より先に生まれた人をさしていた。

10
a・もんぜき　本来は宗門の教えを受け継いで継承者となる僧侶のこと。一般的には、皇族・公家の子弟などが住職などを務める特定の寺院。
b・ついせき

11
a・せいばい　罪人などを処罰すること。
b・しょうはい

15 意外と難しい中学卒業程度の熟語

◆次の太字部分の読み方を答えてください。

1 動物を**虐待**する。
2 任務を**遂行**した。
3 草原を**疾駆**する馬。
4 三権を**掌握**する。
5 様式を**模倣**する。
6 美しさに**詠嘆**の声を上げた。

【解答と解説】

1 ぎゃくたい
2 すいこう
3 しっく
4 しょうあく 「手に握る」ことから、自分の思いどおりに支配すること。
5 もほう 真似ること。
6 えいたん 思わず声に出して感心するという意味。

7 申し出を**快諾**した。

8 貨幣を**鋳造**する。

9 たいした**代物**だ。

10 **砂利**を踏む。

11 大**海原**をゆうゆうと泳ぐ。

12 毎朝、**竹刀**を振る。

13 **草履**をはく。

14 腰の**太刀**を抜く。

---

7 かいだく

8 ちゅうぞう　金属を溶かし鋳型〈いがた〉に流し込んで、目的の形に造ること。

9 しろもの　価値のあるもの。または、人や物を評価するときにも使う。

10 じゃり

11 うなばら　広い海。この「原」は「たいらで広い」という意味。

12 しない　剣道で使う竹製の刀。

13 ぞうり

14 たち　刀のこと。

◆太字部分の読み方を語群の中から選んでください。

1 **会釈**をして通り過ぎる。
2 **久遠**の理想。
3 いいかげんにできない**性分**だ。
4 電車が止まって**往生**した。
5 彼は**性根**がすわっている。
6 早朝に**参内**した。
7 **真一文字**に口を結ぶ。
8 ぜん息の**発作**が起きた。

【解答と解説】
1 えしゃく
2 くおん　永遠。
3 しょうぶん　生まれつきの気質。
4 おうじょう　困り果てること。諦めること。
5 しょうね　根本の心構え。
6 さんだい　皇居に参上すること。
7 まいちもんじ
8 ほっさ

9 なべで**小豆**を煮る。

10 **心地**よい音楽に耳を傾ける。

11 旅行の**土産**をもらった。

12 **為替**で送金する。

13 **読経**が聞こえてきた。

14 ちょうど**紅葉**が見頃だった。

【語群】しょうね・もみじ・くおん・みやげ・さんだい・えしゃく・ここち・かわせ・まいちもんじ・おうじょう・しょうぶん・あずき・ほっさ・どきょう

---

9 あずき

10 ここち

11 みやげ

12 かわせ　お金を送付するとき、手形や小切手などの証書を使うこと。為替相場のことをいうときもある。

13 どきょう　声を出して、お経を読むこと。

14 もみじ　「こうよう」とも読む。

ひと癖ある地名、読めますか？──漢字おもしろ雑学❶

都道府県名なら簡単に読めても、旧国名や地名、河川名となるとなかなか手強いもの。以下の名称、全部読めますか？

- 斑鳩（いかるが）…奈良県北部。法隆寺や中宮寺がある。
- 先斗町（ぽんとちょう）…京都市中京区。鴨川西岸に沿う遊興街。
- 指宿（いぶすき）…鹿児島県薩摩半島の南東部。
- 石見（いわみ）…旧国名の一つ。現在の島根県西部。「いしみ」とは読まない。
- 美作（みまさか）…旧国名の一つ。現在の岡山県北東部に当たる。
- 宍道湖（しんじこ）…島根県北東部にある湖。魚類やしじみが多く獲れる。
- 寒河江（さがえ）…山形県中部。サクランボでも有名。
- 安芸（あき）…旧国名の一つで現在の広島県西半分。「安芸の宮島」でおなじみ。
- 下総（しもうさ）…旧国名の一つ。現在の千葉県北部と茨城県南西部。
- 糸魚川（いといがわ）…新潟県南西部、姫川下流域にある市。
- 不忍池（しのばずのいけ）…東京の上野公園内にある池。

2章●書き・初級編

漢字が苦手でもこの程度はすんなり書きたい

1 これくらいは余裕で書けるはず！

◆次のカタカナを一字の漢字にしてください。

1 念**ガン**の大学に合格する。

2 空に浮かぶ**クモ**。

3 震災から復**コウ**する。

4 仮名**マ**じりの文章。

5 **コク**倉地帯。

6 要求を**シリゾ**ける。

【解答と解説】

1 願

2 雲

3 興 「興」は起きる、立ち上がるといった意味がある。

4 交 「混じり」と間違えないように。

5 穀

6 退 後方へ引き下がらせる。この場合は相手の主張を拒むこと。

◆次のカタカナを二字の漢字にしてください。

1 **コウコウ**に入学した。
2 約束の**ジカン**に遅れる。
3 仲のよい**キョウダイ**。
4 母に**ヨウジ**を頼まれた。
5 **ケサ**は早起きをした。
6 気分は**サイコウ**だ。
7 **テンサイ**は忘れた頃にやって来る。

【解答と解説】

1 高校　高等学校の略。
2 時間
3 兄弟　漢字は兄と弟だが、言葉としては姉妹にも使う。
4 用事
5 今朝　「今日」の「朝」。
6 最高
7 天災　自然が引き起こす災害。同音の「天才」は才能が優れていること。

◆次のカタカナに当てはまる漢字は（　）内のどれでしょう。

1 国境を**コ**える。（超・越・肥）

2 水深を**ハカ**る。（図・計・測・量）

3 宣伝が**キ**く。（聞・利・効）

4 資料を**モト**に話す。（元・下・基）

5 **カイ**心のできばえ。（会・快・回）

6 純**シン**な心。（信・心・身・真）

7 勝利を**オサ**める。（納・収・治・修）

【解答と解説】

1 越

2 測

3 効　ききめがあるときには「効」を使う。

4 基

5 会　「会心」は満足すること。

6 真　「真」はウソや欠けがないことを表す。

7 収

◆次の慣用句、□に入る漢字一字を答えてください。

1 □がつく。↓騒ぎのきっかけができる

2 機が□す。↓何かを始めるのにちょうどよいとき

3 □が肥える。↓食べ物の好みがぜいたくになる

4 □をさす。↓うまくいっているのにじゃまをする

5 □が当たる。↓試験などの予想が当たる

6 □が広い。↓交際範囲が広い。知人が多い

7 □に乗る。↓時代の流れにうまく合う

【解答と解説】

1 火 （例：以下同）昔の悪事がバレて、足元に―がついた。

2 熟 大会を招致する機が―した。

3 舌

4 水 2人の関係に―をさす。

5 山

6 顔 彼は―が広いね。

7 波 勢いに乗る。もしくは調子に乗るという意味。

2 頻出の熟語はおさえておきたい

◆次のカタカナを二字の漢字にしてください。

1　彼らは**ギロン**した。

2　**タイキ**が汚染される。

3　川の**スイイ**が上昇した。

4　再発を**ボウシ**する。

5　**ハンスウ**の人が賛成した。

6　新聞**キシャ**が取材をする。

【解答と解説】

1　議論　「ロン」を「諭」や「輪」と間違えないように。

2　大気

3　水位　河川・ダムなどの水面の高さ。

4　防止　事が起きないように防ぎ止める。

5　半数

6　記者

7 **セイトウ**政治を行う。

8 日本の**シュショウ**になる。

9 **ヨウイ**には実現できない。

10 家と会社を**オウフク**する。

11 **ナットク**できない点が多い。

12 被告に**ジセイ**を促す。

13 **ベンリ**な世の中になった。

14 名人の**デシ**になる。

□□ □□ □□ □□ □□ □□ □□ □□

---

7 政党　政治的な主張・主張を同じくする者が集まり、その実現を目指して活動する団体。

8 首相

9 容易　たやすいさま。

10 往復　「フク」を「複」と間違えないように。

11 納得

12 自省　自分の態度や行動を反省すること。

13 便利

14 弟子

◆（　）内の漢字はどちらが正しいでしょう。

1 選挙で**サイセン**（再選・再戦）を果たす。

2 首脳が**カイダン**（階段・会談）を行った。

3 **シンソウ**（深相・真相）を究明する。

4 解決策を**ケントウ**（検討・見当）する。

5 問題点を**キョウギ**（協議・競技）した。

6 H氏は財界の**オオモノ**（大者・大物）だよ。

【解答と解説】

1 再選

2 会談　面会しての話し合い。

3 真相

4 検討　いろいろな面から調べて考える。

5 協議　寄り集まって相談すること。

6 大物　同類の中でとくに大きい物。また、一目おかれている人。人でも「者」ではなく、「物」と書く。

7 事件の**ホッタン**（発端・発単）。

8 **ホウシャ**（放射・放斜）線治療をすすめられた。

9 **イギ**（異議・意義）を申し立てる。

10 **キリツ**（規律・起立）を守る。

11 午後は**テンコウ**（天候・天侯）が悪化した。

12 格差を**ゼセイ**（是正・善正）する。

13 生命**ホケン**（保険・保健）に入る。

14 来客を**カンゲイ**（歓迎・観迎）する。

---

7 発端

8 放射

9 異議　他人と違う議論や反対意見。

10 規律

11 天候

12 是正　悪い点を正しく直すこと。「是」はよいという意味。

13 保険　失敗したときの保証となるものを比喩的にいうときにも使う。

14 歓迎　喜んで相手をむかえること。

3 〝ウソ漢字〟に惑わされてはいけません

◆（　）内の漢字はどれが正しいでしょう。

1 植物を**サイバイ**する。
（裁培・栽倍・栽培）

2 笛は**カンガッキ**です。
（菅楽器・官楽器・管楽器）

3 目的地に**トウタツ**した。
（倒達・到達・至達）

4 先生のお宅を**ホウモン**した。
（訪問・訪門・訪聞）

【解答と解説】

1 栽培 「栽」は植物を植えるという意味。

2 管楽器 かんむりの違いに要注意。「管」は内部が空洞になっている筒状のものをいう。

3 到達

4 訪問 「モン」は「門」ではなく「問」。

5 **ゼッタイ**大丈夫だ。
(純体・絶体・絶対)

6 犬を**クンレン**する。
(訓錬・訓練・訓煉)

7 月を**カンソク**する。
(観側・観測・観則)

8 人工衛星の**キドウ**を修正する。
(起動・軌道・機動)

9 諸外国を**レキホウ**する。
(歴訪・暦訪・歴方)

10 **キジョウ**の空論だ。
(基上・機上・机上)

---

5 絶対　絶体は「絶体絶命」のときに使う。

6 訓練

7 観測　天体や気象の現象の変化を観察すること。また、物事の様子を見て、そのなりゆきについて予測すること。

8 軌道

9 歴訪　いろいろな人・土地を次々と訪ねること。

10 机上　机の上のこと。「机上の空論」というと、理論だけで、実際には役に立たない意見という意味。

◆（　）内の漢字はどれが正しいでしょう。

1　交通事故にアう。（合・会・飽・遭）
2　表情がカタい。（固・硬・堅・型）
3　敵をウつ。（打・撃・討・受）
4　木を植えカえる。（変・代・換・替）
5　事件が後をタたない。（立・絶・断）
6　授業料をオサめる。（収・修・納）
7　手サげかばん。（下・提）
8　港に船がツく。（付・着・突・就）

【解答と解説】
1　遭う
2　硬い　緊張してぎこちないこと。
3　討つ　攻め滅ぼすこと。
4　替える
5　絶たない「後を絶たない」は次々と起きてなくならないこと。
6　納める
7　提げ
8　着く　到着と同じ。

9 昆虫を**ト**る。（取・採・捕・獲）

10 火山が火を**フ**く。（吹・噴・拭）

11 夫婦仲を**サ**く。（裂・咲・割）

12 機転が**キ**く。（効・利・聞・聴）

13 意匠を**コ**らす。（凝・懲）

14 手を**サ**し伸べる。（指・刺・差・挿）

---

9 捕る　つかまえること。

10 噴く　内部から勢いよく出てくること。

11 裂く　「割く」は時間や人手などの一部を割り当てるときに使う。

12 利く

13 凝らす

14 差し　「さし示す」なら「指し示す」となる。

4 全問正解したい食べ物にまつわる語

◆次の□には漢字が一字入ります。（　）内から正しいものを選び、完成させてください。

1 ニンジン…□参（人・任）
↓おなじみの野菜

2 ウミノサチ…□の幸（生・海）
↓魚や貝はコレ

3 ジドリ…□鶏（路・地）
↓日本産です

4 カラアゲ…□揚げ（空・辛）
↓肉も魚もあり

【解答と解説】

1 人

2 海　海でとれる魚介類のこと。山でとれる山菜や獣などは山の幸。

3 地　ブロイラーに対して、日本産の鶏の総称。

4 空　「唐揚げ」とも書く。

5 **ナス**…茄□（須・子）
↓夏においしい野菜

6 **ショウガ**…□姜（生・小）
↓すし屋ではガリ

7 **オモユ**…□湯（重・主）
↓病人や赤ちゃんに

8 **ゾウニ**…□煮（雑・増）
↓定番の正月料理

9 **ラクガン**…□雁（落・楽）
↓ちょっと上品な干菓子

---

5 子

6 生　生姜の辛み成分には新陳代謝をアップさせる効果がある。

7 重　多くの水で煮た粥〈かゆ〉の上澄みで粘り気がある。病人や乳児の流動食として使われる。

8 雑　餅〈もち〉に肉・魚・野菜などを加えた汁物。正月の祝い料理として供される。

9 落　米や麦などを製粉して水飴〈みずあめ〉や砂糖などを加えて、練って作る。

10 **ゴボウ…**□蒡（馬・牛）
↓ひょろっと長い野菜

11 **エビ…**□老（海・山）
↓ゆでると赤い

12 **メンタイコ…**□太子（明・面）
↓ご飯のおとも

13 **オカシラツキ…**□頭付き（御・尾）
↓おめでたい席に

14 **サンマ…**□刀魚（春・夏・秋・冬）
↓日本の代表的な大衆魚

---

10 牛

11 海　長いヒゲと姿形が、腰の曲がった長寿の老人に見えることからきた当て字。

12 明　明太子は朝鮮由来の食品で、スケトウダラを韓国語で「明太〈ミョンテ〉」ということからこの語がつけられた。

13 尾　頭から尾までついた祝い用の焼き魚。

14 秋　秋を旬とする刀のように細長い魚であるため、この字が当てられたとみられる。

15 **カボチャ**…□瓜（東・西・南・北）
↓中身の黄色い夏野菜

16 **スイカ**…□瓜（東・西・南・北）
↓夏にうれしい

17 **トウガン**…□瓜（春・夏・秋・冬）
↓身の白い野菜

---

15 南　昔、「カンボジア」から伝わったので「カボチャ」となった。

16 西　西方から伝わった瓜で「西瓜」。

17 冬　冬の瓜と書いても、旬は夏。冬まで貯蔵できることからこう書く。

5 どこがヘン？ 常識が問われる間違い探し

◆傍線部の漢字は間違っています。正しい漢字に直してください。

1 君の意見に**違論**はない。
2 **不偶**にめげず努力する。
3 新薬の**外毒**作用。
4 絵画**観賞**を楽しむ。
5 **契煙**を禁止される。
6 **激薬**につき取扱注意。

【解答と解説】

1 異論
2 不遇　運が悪くて才能や能力に見合わない地位・立場にいること。
3 解毒
4 鑑賞
5 喫煙
6 劇薬　作用が激しく危険な薬。

7 **賛非**両論を巻き起こす。

8 **概知**の情報ばかりで新ネタがない。

9 **報導**番組のキャスター。

10 地区**予戦**を順当に勝ち抜く

11 **逆点**ホームランが出た。

12 予防**注謝**を受けた。

13 水仙の**求根**を植えた。

14 競争力を強化するうえで**異義**のある仕事だ。

---

7 賛否　賛成と反対。

8 既知

9 報道　告げ知らせること。とくにマスコミを通じて社会の出来事を多くの人に知らせること。

10 予選

11 逆転　それまでとは逆の方向に回ること。優劣などが逆になること。

12 注射

13 球根

14 意義　あることがほかとの関連においてもつ価値や重要性。

6 選べて当然！ 四字熟語の初歩の初歩

◆読み方を手がかりに（ ）の中から当てはまる漢字を選び、四字熟語を完成させてください。

1 **人気絶□**…にんきぜっちょう
（丁・頂・兆）

2 **時間□守**…じかんげんしゅ
（厳・現・元）

3 **豊年□作**…ほうねんまんさく
（万・漫・満）

【解答と解説】

1 頂 「絶頂」とは山のいただき。最高のところという意味がある。

2 厳 厳しく守ること。

3 満 穀物や農作物が豊かに実り、たくさん収穫できること。豊作。

4 **健□管理**…けんこうかんり
（候・興・康・光）

5 **優勝□補**…ゆうしょうこうほ
（候・興・康・光）

6 **電□石火**…でんこうせっか
（候・興・康・光）

7 **文芸復□**…ぶんげいふっこう
（候・興・康・光）

---

4 康

5 候　「候補」は地位を得る可能性があるという意味。

6 光　非常に短い時間。素早い行動。――の早業〈はやわざ〉だ。

7 興　ルネサンスのこと。ルネサンスとは14世紀から16世紀にかけて西洋全体に広がった、学問・芸術・文化上の革新運動をさすフランス語。

8 □場人物…とうじょうじんぶつ
(湯・頭・登・糖)

9 街□演説…がいとうえんぜつ
(灯・頭・等・糖)

10 一日千□…いちじつせんしゅう
(週・集・秋・終)

11 □力本願…たりきほんがん
(多・田・太・他)

---

8 登

9 頭　街の路上。「街灯」は路上を照らす明かり。

10 秋　待ち焦がれること。彼女からの手紙を—の思いで待つ。

11 他　本来は、すべての人を救おうとしてたてた、阿弥陀仏〈あみだぶつ〉の願いの力を頼って成仏〈じょうぶつ〉すること。今では誰かがしてくれることを期待して、自分はやらないという誤った意味で使われている。

12 疑心□鬼…ぎしんあんき
(暗・安・案)

13 群□割拠…ぐんゆうかっきょ
(勇・友・優・雄)

14 □意即妙…とういそくみょう
(当・頭・登・到)

15 新進気□…しんしんきえい
(映・栄・英・鋭)

---

12 暗 「疑心暗鬼を生〈しょう〉ず」の略。何でもないことまで疑い、恐れること。

13 雄 多くの英雄が勢力を張り合うこと。

14 当 その場に適応した素早い機転。仏教の「当位即妙(あらゆるものはそのままで理にかなっている)」という言葉が由来。—の答えだね。

15 鋭 新しく登場し、勢いが盛んで将来が期待されることや人。—の作家。

7 足、歯、腰…体にまつわる慣用句

◆次の□にはすべて体の部位が入ります。語群から当てはまる漢字を選び、慣用句を完成させましょう。語群の漢字は何回使ってもＯＫです。ただし使わない漢字も含まれています。

1 □を巻く。↓感心すること

2 □を焼く。↓処置に困ること

3 □を立てる。↓面子を立てること

4 □が利く。↓鑑識力がある

5 □が出る。↓赤字になること

【解答と解説】

1 舌　彼のリーダシップには—を巻いたよ。

2 手　反抗期の子どもに—を焼く。

3 顔　ここは僕の—を立ててくれないか。

4 目　彼女は刀剣に—が利く。

5 足　今月も—が出そうだ。

6 □をもつ。↓一方をひいきすること

7 □が立たない。↓とてもかなわないこと

8 □を長くする。↓待ち望むこと

9 □が重い。↓すぐ行動しようとしないこと

10 □を曇らせる。↓心配で表情が暗くなること

11 目□がつく。↓大体の見通しがつくこと

12 □をこまねく。↓何もしようとしないこと

---

6 肩

7 歯

8 首

9 腰　彼女の―が重いのには理由があった。

10 眉　その報告に部長は―を曇らせた。

11 鼻　週末にはこの仕事に目―がつきそうだ。

12 手　やり手の彼も―をこまねいたままだった。

【語群】顔・頭・目・鼻・口・舌・耳・歯・眉・首・肩・胸・腹・腰・手・足・指・髪

8 これくらいは漢字で書きたいことわざ

◆次の□を埋めて、ことわざを完成させましょう。

1 □も歩けば棒に当たる。
↓思いがけずひどい目にあう

2 □の耳に念仏。
↓ためになる忠告も聞く耳をもたない

3 □のないところに煙は立たぬ。
↓噂が立つのは何か根拠がある

4 ちりも積もれば□となる。
↓わずかな積み重ねがやがて大きくなる

【解答と解説】

1 犬　思わぬ幸運に出会う意味でも使う。

2 馬　何を言っても、彼には━の耳に念仏だよ。

3 火

4 山　「ちりつも貯金」といえば、少しずつお金を貯めていくこと。

5 目は□ほどにものを言う。
↓言葉にせずとも目で気持ちは伝わる

6 □折り損のくたびれもうけ。
↓苦労ばかり多くて成果がない

7 石□を叩いて渡る。
↓非常に用心深いこと

8 笑う□に福来たる。
↓笑い声があふれる家には自然に幸運が訪れる

---

5 口　嘘をついているのはわかっているよ。目は―ほどにものを言うからね。

6 骨　「骨折り」は精を出して働く、苦労するという意味。

7 橋　彼は石―を叩いて渡るタイプだから、投資の誘いには乗らないよ。

8 門

◆次のことわざ、（　）内のどちらの漢字が正しいでしょう。

1　（鼻・花）より団子。
↓風流より役立つものがいい

2　（善・前）は急げ。
↓よいと思ったことはすぐにやる

3　焼け（石・岩）に水。
↓それにかける労力が小さくて効果がない

4　雨降って（血・地）固まる。
↓問題解決がよい状態を生む

5　（猫・豚）に小判。
↓貴重なものでも価値がわからない人には無意味

【解答と解説】

1　花

2　善　「悪は延〈の〉べよ」という言葉は、悪いと思うことは一時延期しなさいという反対の意味の言葉。

3　石　この程度のお金では焼け──に水だ。

4　地

5　猫　「豚に真珠」も意味は同じ。

◆□に漢数字を入れて、ことわざを完成させてください。

1 早起きは□文の徳。
↓早起きするとよいことがある

2 □死に一生を得る。
↓危険な状態から、かろうじて助かる

3 □聞は一見にしかず。
↓話を聞くより見たほうがわかる

4 石の上にも□年。
↓つらさを我慢すればいいことがある

5 □寸の虫にも□分の魂。
↓小さく弱い者もあなどってはいけない

【解答と解説】

1 三 「徳」は「得」とも書く。

2 九 「九死」は9回死ぬわけではなく、ほとんど死を避けがたい危険な状態のこと。

3 百 「百聞」で「ひゃくぶん」と読む。

4 三

5 一、五 一寸は約3センチ。五分はその半分。

6 □里の道も□歩から。
↓大きな仕事も小さな歩みから

7 □転び□起き。
↓何度失敗しても諦めずに努力する

8 □階から目薬。
↓思うようにならずもどかしいこと

9 桃栗□年柿□年。
↓何事も、成就するまでに相応の年月がかかること

10 人を呪わば穴□つ。
↓人に害を与えれば、結局自分も同じように害を受ける

---

6 千、一

7 七、八 読み方は「ななころびやおき」。

8 二 2階にいる人が階下にいる人に向けて目薬をさそうとしても、あまりにも遠すぎて的中しないことから。「まぐれ当たり」という意味で用いるのは誤り。

9 三、八

10 二 彼を恨みたくなる気持ちもわかるが、―だ。もう忘れて、新しい人生を歩いていこう。

3章●読み・中級編

これが読めるかが分かれ道！
大人なら正解したいレベル

1 やはり全問正解といきたい！

◆次の動詞の読み方を答えてください。

1 タンクから水が**漏れる**。

2 女性に**貢ぐ**心理。

3 胸を**患う**。

4 台所を**賄う**。

5 苦痛に**喘ぐ**。

6 本社の決定を**覆す**。

【解答と解説】

1 もれる 「話が漏れる」「笑みが漏れる」もこの字。

2 みつぐ

3 わずらう 病むこと。

4 まかなう 限られた費用などで用を達する。

5 あえぐ 息が切れる。

6 くつがえす

◆次の読み方、正しいのはどちらでしょう。

1 **直筆**{じきひつ／じかひつ}の手紙。

2 彼女は**権高**{けんこう／けんだか}な性格だ。

3 春の**息吹**{いきぶき／いぶき}に触れる。

4 **好悪**{こうお／こうあく}が激しい。

5 **因縁**{いんねん／いんえん}の対決。

【解答と解説】

1 じきひつ　本人が直接書いたもの。「ちょくひつ」と読むと「事実をあるがままに書く」という意味。

2 けんだか　相手を見下して、傲慢な態度をとること。

3 いぶき　生気や活気のこと。

4 こうお

5 いんねん　物事を成り立たせる直接の原因と間接の原因・作用。または以前から定まって動かすことのできない関係・出来事。

◆次の熟語はなんと読むでしょう。

1 荷物を段ボールに**梱包**する。

2 伝染病の流行が**終息**する。

3 子どもにご**褒美**をあげる。

4 医師が「ご**臨終**です」と告げた。

5 ひたすら歩きづめで**消耗**した。

6 魚を**直火**で焼く。

7 相手を**凝視**する。

【解答と解説】

1 こんぽう

2 しゅうそく　物事が終わり、やむことをいう。

3 ほうび

4 りんじゅう　人の死にぎわ。

5 しょうもう　使ってなくすこと。体力や気力を使いきること。本来は「しょうこう」と読んだ。

6 じかび

7 ぎょうし　じっと見つめること。目をこらすこと。

◆次の慣用句はなんと読むでしょう。

1 **狐**につままれる。
2 **犬猿**の仲。
3 **図星**を指される。
4 **精**が出る。
5 **途方**に暮れる。
6 **釘**をさす。
7 **羽目**をはずす。

【解答と解説】

1 きつね　何が起きたのかわからず、ポカンとする。
2 けんえん
3 ずぼし　秘密や思惑などを、ピタリと言い当てられる。
4 せい　一生懸命に働くこと。
5 とほう
6 くぎ　相手が約束を違〈たが〉えないよう念を押す。
7 はめ

2 社会人ならサラリと読みたい表現

◆次の太字部分の読み方を答えてください。

1 経営が**破綻**した。

2 **便宜**をはかる。

3 それは**解せない**話だ。

4 **暫定**政権が発足した。

5 大規模な**飢饉**が起きた。

6 素性を**詮索**する。

【解答と解説】

1 はたん

2 べんぎ　都合のよいこと。または特別のはからい。

3 げせない　納得いかない。理解できない。

4 ざんてい　正式に決まるまで、とりあえず定めること。

5 ききん

6 せんさく

7 一流の**銘柄**だ。

8 武力で**威嚇**する。

9 **傲り**が破滅を招く。

10 彼は東北**訛り**がある。

11 悪いイメージを**払拭**する。

12 **誘拐**事件が起きた。

13 大臣を**罷免**する。

14 **清楚**な装い。

---

7 めいがら

8 いかく　おどすこと。

9 おごり　いい気になる、思い上がること。

10 なまり

11 ふっしょく　汚れなどをぬぐい去ること。除き取ること。「ふっしき」とも読むが一般的ではない。

12 ゆうかい

13 ひめん　公職をやめさせること。「免職」と同じ。

14 せいそ　清らかですっきりとしたさま。

◆次の読み方、正しいのはどちらでしょう。

1 **外為**｛がいため／がいい｝市場の動向。

2 **盤石**｛ばんせき／ばんじゃく｝の地盤を築く。

3 **底意**｛ていい／そこい｝が感じられる。

4 **暫時**｛ざんじ／ぜんじ｝お待ち願います。

5 **漸進的**｛ぜんしんてき／ざんしんてき｝に改良する。

【解答と解説】

1 がいため　外国為替の略称。

2 ばんじゃく　安定していて、びくともしないこと。堅固で非常にしっかりしていること。

3 そこい　表面には見えてこない、心の奥底に潜む考えや下心。

4 ざんじ　しばらくの間。少しの間。

5 ぜんしんてき　少しずつ進歩していくこと。

6 **苦汁**｛にがじる／くじゅう｝を飲まされる。

7 **希有**｛きゆう／けう｝な出来事。

8 **元本**｛げんぽん／がんぽん｝割れを起こす。

9 政府を**弾劾**｛だんがい／だんごう｝する。

---

6 くじゅう　苦味のある汁。苦しい目にあうという意味で使われる。

7 けう　めったにない珍しいこと。「希」の読み方に注意。

8 がんぽん　収益を生む元になる財産。

9 だんがい　犯罪や不正をあばき、責任を追及すること。

3 這う、痺れる…漢字にすると意外と読めない？

◆次の動詞の読み方を答えてください。

1 休日は家で**寛ぐ**。

2 人を**欺く**行為。

3 相手の立場を**慮る**。

4 へびが地面を**這う**。

5 仕事に忙殺されて心が**荒む**。

6 外交問題を大臣に**質す**。

【解答と解説】

1 くつろぐ

2 あざむく

3 おもんぱかる　考慮する。

4 はう

5 すさむ　荒れて潤いがなくなること。

6 ただす　質問して確かめること。「正す」「糾す」と意味を混乱しないように注意。

7 将来を**憂える**。

8 街角に1人**佇む**。

9 故人を**偲ぶ**。

10 **痺れる**ようなメロディだ。

11 くじいた足が**腫れる**。

12 隣の部屋を**覗く**。

13 夜空で星が**瞬く**。

14 返事のない者は欠席と**見做す**。

---

7 うれえる　思いわずらうこと。心配すること。同じ読みの「愁える」は悲しむに近い。

8 たたずむ

9 しのぶ　人や場所を懐かしんだり、思い出したりする。

10 しびれる

11 はれる

12 のぞく

13 またたく　瞬間的にまぶたを閉じたり開けたりする。または、光がちらちらと明滅する。

14 みなす

4 読めるとちょっぴり嬉しい副詞

◆次の副詞の読み方を答えてください。

1 彼は**最も**足が速い。

2 **更に**研究を深める。

3 **早急**に対策を考えます。

4 添加物を**一切**使わない。

5 **全て**の道はローマへ通ず。

6 **結構**なできばえ。

【解答と解説】

1 もっとも

2 さらに

3 さっきゅう　急ぐこと。「そうきゅう」とも読む。

4 いっさい　打ち消しの文で、全く〜ないという意味になる。

5 すべて

6 けっこう

7 **先ず**、この問題から始めよう。

8 初任給は**概して**大企業のほうが高い。

9 業界で**専ら**のウワサです。

10 その地を**度々**訪れる。

11 世界平和を**切に**願う。

12 **案の定**、彼は遅れてやってきた。

13 結果は**半ば**あきらめている。

14 **早速**、お話に入らせていただきます。

---

7 まず

8 がいして　おおよそ、だいたいという意味。

9 もっぱら　それだけが行われるさま。

10 たびたび

11 せつに　心から、という意味。

12 あんのじょう　予想したとおり。

13 なかば

14 さっそく

5 「〜しい」は、意外に読むのが難しい

◆太字部分の読み方を語群の中から選んでください。

1 技術の**著しい**進歩。
2 優雅な暮らしが**羨ましい**。
3 **芳しい**評判を聞かない。
4 **怪しい**人物を見かけた。
5 **虚しい**名声を追い求める。
6 彼の行動には**訝しい**点がある。

【解答と解説】

1 いちじるしい　はっきりわかるほど目立つ様子。
2 うらやましい
3 かんばしい　立派という意味だが、「芳しくない」と否定的に使われることが多い。
4 あやしい
5 むなしい
6 いぶかしい　疑わしい。

7 **愛しい**彼女に会いたい。

8 顔を見るのも**疎ましい**。

9 1人で食事をするのは**侘しい**。

10 雨ばかりで**鬱陶しい**。

11 彼の失敗談は**可笑しい**ね。

12 ライバルの成功が**妬ましい**。

【語群】あやしい・おかしい・うとましい・いちじるしい・かんばしい・いぶかしい・いとしい・うらやましい・わびしい・ねたましい・むなしい・うっとうしい

---

7 いとしい

8 うとましい　いやな気がして遠ざけたい。

9 わびしい　心にぽっかり穴が開いたように物悲しい。

10 うっとうしい

11 おかしい

12 ねたましい　うらやましく、憎らしい。

◆同じ漢字をつづけた「◯々しい」。意味を手がかりに、なんと読むか答えてください。

1 **苦々しい**…不愉快
2 **初々しい**…世間ずれしていない
3 **雄々しい**…男らしい
4 **女々しい**…弱々しい
5 **神々しい**…神のように尊い
6 **馴々しい**…親しくないのにいかにも親しそうにする
7 **猛々しい**…強く、勇ましい

【解答と解説】
1 にがにがしい
2 ういういしい
3 おおしい（例：以下同）困難に—しく立ち向かう。
4 めめしい　男性をけなすときの言葉。
5 こうごうしい　山頂で—朝を迎えた。
6 なれなれしい
7 たけだけしい「盗人猛々しい」は図々しいという意味。

8 瑞々しい…生気に満ちている様子
9 清々しい…さわやかで気持ちがいい
10 凛々しい…きりりと引き締まっている
11 由々しい…容易ではない
12 刺々しい…人につっかかりそうな様子
13 賑々しい…非常ににぎやかな様子
14 忌々しい…呪いたいほど悔しい
15 捗々しい…順調である

---

8 みずみずしい
9 すがすがしい
10 りりしい ―表情をした若者だ。
11 ゆゆしい ―問題が発生した。
12 とげとげしい
13 にぎにぎしい ―しく開幕する。
14 いまいましい
15 はかばかしい 「捗々しくない」と否定の意味で使うほうが多い。

6 時間・方位にまつわる言葉、読めますか？

◆以下は十二支にまつわる言葉です。なんと読むでしょう。

1 干支
2 子
3 丑
4 寅
5 卯
6 辰

【解答と解説】

1 えと　本来は十干と十二支の60とおりの組み合わせ。
2 ね　十二支の一番目。
3 うし　土用の丑の日には、ウナギなど「ウ」がつくものを食べる風習がある。
4 とら
5 う
6 たつ

7 巳
8 午
9 未
10 申
11 酉
12 戌
13 亥
14 丙午

---

7 み
8 うま 「牛」と勘違いしないように。
9 ひつじ
10 さる
11 とり 「酉の市」は11月の「酉」の日に鷲〈おおとり〉神社で行われる祭りのこと。
12 いぬ
13 い
14 ひのえうま この年は火事が多く、生まれた女性は夫を食い殺すという迷信から出生率が低くなる傾向がある。

◆次の言葉は1月から12月までを表しています。それぞれなんと読むか、語群の中から選んでください。

1 睦月
2 如月
3 弥生
4 卯月
5 皐月
6 水無月
7 文月

【解答と解説】

1 むつき 1月のこと。
2 きさらぎ 2月。
3 やよい 3月。
4 うづき 4月。
5 さつき 5月。「五月」も「さつき」と読む。
6 みなづき 6月。「水の月」の意味で、田に水を引く月。
7 ふみづき 7月。「ふづき」ともいう。

8 葉月

9 長月

10 神無月

11 霜月

12 師走

8 はづき　8月。

9 ながつき　9月。

10 かんなづき　10月。この月に神々が出雲大社に集まり、ほかの国にはいなくなると考えられた。

11 しもつき　11月。

12 しわす　12月。「師」が「走」ると書くが、「師」は誰をさすかについては諸説ある。

【語群】さつき・しもつき・ふみづき・やよい・しわす・むつき・はづき・みなづき・かんなづき・きさらぎ・ながつき・うづき

1年を二十四の季節で表すと…

◆次は、春から夏にかけての季節の変わり目を示した言葉です。なんと読むか語群の中から選んでください。

1 **立春**…暦の上では春
2 **雨水**…雪は雨に、氷は水に変わる
3 **啓蟄**…冬眠していた虫がはい出てくる
4 **春分**…昼と夜の長さが同じ
5 **清明**…清く明るい季節
6 **穀雨**…穀物を育てる恵みの雨が降る

【解答と解説】
1 りっしゅん　2月4日頃。
2 うすい　2月19日頃。「あまみず」ではない。
3 けいちつ　3月6日頃。
4 しゅんぶん　3月21日頃。
5 せいめい　4月5日頃。
6 こくう　4月20日頃。

7 **立夏**…暦の上では夏

8 **小満**…作物が実り始める

9 **芒種**…稲・麦などの穀類を植えるとき

10 **夏至**…昼が最も長い

11 **小暑**…本格的な夏の始まり

12 **大暑**…暑さが最も厳しい時期

【語群】しゅんぶん・りっか・うすい・しょうしょ・こくう・りっしゅん・ぼうしゅ・せいめい・げし・けいちつ・しょうまん・たいしょ

---

7 りっか　5月6日頃。

8 しょうまん　5月21日頃。

9 ぼうしゅ　6月6日頃。「芒」は穀物の先の細い毛のこと。

10 げし　6月21日頃。「夏」の読み方に注意。

11 しょうしょ　7月7日頃。

12 たいしょ　7月23日頃。大は「だい」ではなく「たい」と読む。

◆次は秋から冬にかけての言葉です。語群の中から正しい読み方を選んでください。

1 **立秋**…暦の上では秋
2 **処暑**…暑さもそろそろ終わり
3 **白露**…露が降り始める
4 **秋分**…昼と夜の長さが同じ
5 **寒露**…露が冷たさを増す
6 **霜降**…初霜が降りる
7 **立冬**…暦の上では冬

【解答と解説】
1 りっしゅう　8月8日頃。
2 しょしょ　8月23日頃。
3 はくろ　9月8日頃。「しらつゆ」とは読まない。
4 しゅうぶん　9月23日頃。
5 かんろ　10月8日頃。
6 そうこう　10月23日頃。「しもふり」だと牛肉の状態や魚の調理法を示す。
7 りっとう　11月7日頃。

8 **小雪**…初雪が降る
9 **大雪**…大雪が降る
10 **冬至**…昼が最も短い日
11 **小寒**…寒の入り
12 **大寒**…最も寒さが厳しくなる

【語群】りっとう・しゅうぶん・はくろ・しょしょ・そうこう・りっしゅう・だいかん・かんろ・しょうせつ・とうじ・たいせつ・しょうかん

---

8 しょうせつ　11月22日頃。
9 たいせつ　12月7日頃。「大」の読み方に注意。降るほうは「おおゆき」。
10 とうじ　12月22日頃。
11 しょうかん　1月5日頃。
12 だいかん　1月21日頃。大寒の「大」は「だい」と読む。

8 おめでたい席でタブーな読み間違い

◆次の読み方、正しいのはどちらでしょう。

1 **人前結婚**｛ひとまえけっこん／じんぜんけっこん｝

2 **角隠し**｛つのかくし／かどかくし｝

3 **祝言**｛いわいごと／しゅうげん｝

4 **祝儀**｛しゅくぎ／しゅうぎ｝

【解答と解説】

1 じんぜんけっこん　宗教的なものを排した結婚式。

2 つのかくし

3 しゅうげん　祝いの言葉。「祝言を挙げる」というと結婚式をするという意味。「祝」の読み方に注意。

4 しゅうぎ　お祝いで人に贈る金品。チップの意味もある。

5 **産声**〔うみごえ　うぶごえ〕

6 **出生届**〔しゅっせいとどけ　しゅっしょうとどけ〕

7 **お食い初め**〔おくいぞめ　おくいはじめ〕

8 **お七夜**〔おしちや　おななや〕

9 **許嫁**〔いいなずけ　きょか〕

10 **玉串**〔たまくし　たまぐし〕

---

5 うぶごえ

6 しゅっしょうとどけ　「しゅっせい」でも間違いではないが、一般的には「しゅっしょう」。

7 おくいぞめ　赤ん坊に初めてご飯を食べさせる儀式。「初め」の読み方がポイント。

8 おしちや　子どもが生まれて7日目のお祝い。

9 いいなずけ　「許婚」とも書く。

10 たまぐし　神前結婚式などで、サカキの木の枝につけて神前に捧げるもの。

11 御神酒〔おかみざけ／おみき〕

12 玉の輿〔たまのきょう／たまのこし〕

13 長熨斗〔ながのし／ながのと〕

14 寿留女〔するじょ／するめ〕

15 子生婦〔こんぶ／こせいふ〕

16 金包〔かねづつみ／きんぽう〕

---

11 おみき

12 たまのこし　豪華な乗り物。転じて、普通の女性が富も名声もある男性と結婚する意味になった。

13 ながのし　結納〈ゆいのう〉の目録の一つで、アワビの熨斗。不老長寿の象徴。

14 するめ　結納の目録の一つで、スルメ。長期保存できることから「末永く幸せが続く」という説がある。

15 こんぶ　結納の目録の一つで、昆布。子宝に恵まれるようにとの願いを込めた。

16 きんぽう　結納金のこと。

17 言寿（げんじゅ／ことほぎ）

18 勝男武士（しょうだんぶし／かつおぶし）

19 華燭の典（かしょくのてん／かそくのてん）

20 お披楽喜（おひがく／おひらき）

21 芽出度（めでたい／めでど）

22 弥栄（やえい／いやさか）

---

17 ことほぎ　言葉による祝福。「寿ぎ」「言祝ぎ」とも書く。

18 かつおぶし　結納の目録の一つで、かつお節。保存食と同時に勇敢な男性の象徴。

19 かしょくのてん　結婚式。

20 おひらき　「お開き」に縁起のいい漢字を当てた。

21 めでたい　「めでたく」とも読む。

22 いやさか　さらに栄えること。万歳〈ばんざい〉の意。

9 お悔やみに来て読み間違えたら不謹慎！

◆次の読み方、正しいのはどちらでしょう。

1 **棺**｛かん／ひつぎ｝

2 **逝去**｛せいきょ／せっきょ｝

3 **身罷る**｛みごもる／みまかる｝

4 **訃報**｛とほう／ふほう｝

【解答と解説】

1 ひつぎ 「納棺」「出棺」などは「かん」と読む。

2 せいきょ 人が亡くなることの尊敬語。「恩師が──された」のように使う。

3 みまかる 「死去」の非常にていねいな言い方。

4 ふほう 死の知らせ。

5 弔問 {ちょうもん／ていもん}

6 数珠 {すうじゅ／じゅず}

7 亡骸 {いがい／なきがら}

8 忌中 {きちゅう／もちゅう}

9 香奠 {こうでん／こうてん}

10 焼香 {しょうこう／しょうか}

---

5 ちょうもん　死をいたみ、遺族を訪問して、お悔やみを述べること。

6 じゅず　ふつう、煩悩の数を表す108個の玉を糸で貫いて輪にするが、宗派によって異なる。

7 なきがら

8 きちゅう　家族などの近親者に死者があり、忌に服す期間のこと。とくに、死後の四十九日間のこと。

9 こうでん　「香典」とも書く。

10 しょうこう　仏前や霊前で香をたくこと。

11 御霊｛ごれい／みたま｝

12 死装束｛しそうぞく／しにしょうぞく｝

13 荼毘｛ちゃび／だび｝

14 精進落とし｛しょうじんおとし／せいしんおとし｝

15 戒名｛かいめい／かいみょう｝

16 卒塔婆｛そとば／そっとうば｝

---

11 みたま　死者の霊。

12 しにしょうぞく

13 だび　火葬のこと。「荼毘に付す」は火葬にするという意味。

14 しょうじんおとし　一定の精進の期間が終わって肉・魚を食べてよくなること。今では葬儀後の慰労の席をいう。

15 かいみょう　仏教の教えを受けた僧侶につけられる名前。現在では僧侶が死者につける名前をさす。

16 そとば　墓に立てる細長い木の板。「そとうば」とも。

17 法会{ほうかい／ほうえ}

18 新盆{にいぼん／あらぼん}

19 盂蘭盆{うらぼん／もうらんぼん}

20 永代供養{えいだいくよう／えいたいくよう}

21 七回忌{ななかいき／しちかいき}

22 御霊前{みたままえ／ごれいぜん}

---

17 ほうえ　死者の供養。

18 にいぼん　「しんぼん」とも読む。亡くなってから、初めて迎えるお盆。

19 うらぼん　陰暦7月15日に祖先の霊を供養する仏事。

20 えいたいくよう

21 しちかいき　7年目の命日。「なな」とは読まないので注意。

22 ごれいぜん　死者を敬〈うやま〉って「霊前」をていねいにいう語。霊前に供える全品に書く語。一般に四十九日まで用いる。

10 最中、末期…読みは一つではありません

◆次の言葉は読み方によって意味が変わります。a、bはそれぞれどう読むでしょう。

1　人気…　a・彼は**人気**者だ。
　　　　b・**人気**のない場所。

2　心中…　a・一家**心中**。
　　　　b・被害者の**心中**を察する。

3　変化…　a・世の中が**変化**する。
　　　　b・妖怪**変化**。

【解答と解説】

1　a・にんき
　b・ひとけ

2　a・しんじゅう　2人以上の者が一緒に死を選ぶこと。
　b・しんちゅう

3　a・へんか
　b・へんげ　姿を変えて現れること。神が人の姿になって現れること。

4 末期…
a・**末期**的な症状。
b・**末期**の水。

5 上手…
a・絵が**上手**だ。
b・舞台の**上手**に移動する。

6 最中…
a・仕事の**最中**だよ。
b・おいしい**最中**だね。

7 気骨…
a・彼はなかなか**気骨**がある。
b・**気骨**が折れる。

---

4 a・まっき
b・まつご　死にぎわ。

5 a・じょうず
b・かみて　客席側から見てステージの右側部分のこと。

6 a・さいちゅう
b・もなか　もち米の粉を水で練って薄く焼いた2枚の皮の間にあんを入れた和菓子。

7 a・きこつ　気概。
b・きぼね　「気骨が折れる」で、気苦労するという意味。

8 大勢…a・**大勢**の人が集まる。
b・選挙結果の**大勢**が判明。

9 大人…a・彼女は**大人**っぽい。
b・**大人**の風格がある。

10 公達…a・平安時代の**公達**。
b・**公達**がなされた。

11 一途…a・**一途**に働く。
b・転落の**一途**をたどる。

---

8 a・おおぜい
b・たいせい　おおよその成り行き。

9 a・おとな
b・たいじん　徳が高い人格者。

10 a・きんだち　親王・摂家〈せっけ〉・清華〈せいが〉など貴族の子息、または息女。
b・こうたつ　公の通達。

11 a・いちず　ほかを考えず、一つのことに打ち込むこと。
b・いっと　ただ一つの方向。ただそれだけ。

12 追従… a・権力に**追従**する。
b・上司にお**追従**をいう。

13 一端… a・責任の**一端**をになう。
b・**一端**の学者になった。

14 重宝… a・**重宝**な道具。
b・これは寺の**重宝**だ。

15 声明… a・**声明**を発表する。
b・僧侶が唱える**声明**。

---

12 a・ついじゅう　無批判に従うこと。
b・ついしょう　へつらうこと。

13 a・いったん
b・いっぱし　一人前の意味。

14 a・ちょうほう
b・じゅうほう　貴重な宝物。

15 a・せいめい　政治家などが発表する正式なコメント。
b・しょうみょう　仏教の儀式・法要で僧侶が唱える声楽の総称。

11 スポーツ好きなら全問正解を目指したい

◆次の太字部分の読み方を答えてください。

1 **凱旋**パレードを行う。

2 **四股**を踏む横綱。

3 **土俵際**でうっちゃる。

4 **徳俵**で踏ん張る。

5 念願の**賜杯**を手にする。

6 実力**伯仲**の大激戦。

【解答と解説】

1 がいせん

2 しこ

3 どひょうぎわ

4 とくだわら　相撲で、丸い土俵のうち、俵の幅だけ外側にずらしてある俵のこと。

5 しはい

6 はくちゅう　優劣がつけられないという意味。

7 PK戦で**辛勝**した。

8 大リーグへ行った選手が**古巣**に戻る。

9 監督が**采配**を振る。

10 **緻密**な戦略を立てた。

11 最強の**布陣**を考える。

12 結果が出せず、**葛藤**した。

13 監督の**怒号**が飛んだ。

14 2対1の**僅差**で勝つ。

---

7 しんしょう　かろうじて勝つこと。「辛」は訓読みすると「からい」「つらい」。

8 ふるす　両字とも訓読みする。

9 さいはい

10 ちみつ

11 ふじん　戦いや試合のときに陣をしくこと。

12 かっとう　互いに対立すること。特に心理的な場合にいう。

13 どごう　「号」は叫ぶという意味で、怒って叫ぶこと。

14 きんさ

12 「人」を表現する言い回し、知っていますか？

◆次の太字部分の読み方を答えてください。

1 **殿方**はこちらへどうぞ。

2 自分の**非力**を恥じる。

3 彼は**優男**だね。

4 **貴方**はどうしますか。

5 料亭の**女将**にもてなされる。

6 一家のあるじを**旦那**という。

【解答と解説】

1 とのがた　女性が男性をもてなしていうときの敬称。

2 ひりき　「ひりょく」と読まないように。

3 やさおとこ

4 あなた

5 おかみ

6 だんな

7 **女房**の思うほどもてない。

8 **愛娘**の世話を焼く。

9 彼女は**色気**より食い気だ。

10 **薄情**な人ね。

11 **強引**なセールスにうんざりした。

12 あの人は土地**成金**だよ。

13 あれは**軽率**な発言だった。

14 **三十路**にさしかかる。

---

7 にょうぼう

8 まなむすめ 「愛」は慈愛の意味を表す接頭語。ただし「愛息子」という言葉はない。

9 いろけ

10 はくじょう

11 ごういん 「強」を「ごう」と読む。例は、ほかに強欲、強情、強姦など。

12 なりきん

13 けいそつ 「けいりつ」ではないことに注意。

14 みそじ 「みそ」は数の30のこと。

13 暇、曲者…微妙に迷う読み方をする漢字

◆太字部分の読み方はすべて間違っています。正しい読み方に直してください。

1 枚挙に**暇**がない……×ひま
2 彼はなかなかの**強**か者だ……×つよ
3 **初**な女……×はつ
4 **質**の悪い風邪をひく……×しつ
5 銅に**緑青**が吹く……×りょくせい
6 **言霊**信仰を研究する……×げんれい

【解答と解説】

1 いとま 「枚挙に暇がない」は多すぎてきりがないさま。
2 したた 強くしぶといさま。
3 うぶ
4 たち 性質のこと。
5 ろくしょう 青緑色の錆〈さび〉。
6 ことだま 言葉に宿る霊力。

7 酒を**酌**み交わす……×しゃく

8 **終**のすみかを見つける……×しゅう

9 植物を**愛**でる……×あい

10 山芋の**滑**り……×すべ

11 漱石**縁**の地を訪ねる……×えん

12 **曲**者を取り押さえる……×まがり

13 遊び**惚**ける……×ぼ

14 **夢現**の状態……×むげん

---

7 く

8 つい　最後の意味。

9 め

10 ぬめ

11 ゆかり　何かつながりや関係があること。

12 くせ　「曲者」は用心すべき怪しい者。

13 ほう　「遊び惚ける」は遊びに夢中になること。

14 ゆめうつつ　夢なのか現実なのか意識がはっきりしない状態。

15 地**均**しをしておく……×きん

16 **伝**を頼って就職する……×でん

17 森の**径**を歩く……×けい

18 あれから幾**年**……×とし

19 湖の**畔**でキャンプをする……×はん

20 今月の**演**し物……×えん

21 **自**惚れが強い……×じ

22 専門家の手**解**きを受けた……×と

---

15 なら

16 つて　自分の希望をかなえるための手段、手がかり。

17 こみち

18 とせ　「とせ」は年数を数えるときの語。

19 ほとり

20 だ　「演し物」は演劇などで上演する演目のこと。

21 うぬ　「自惚れ」は実際以上に自分が優れていると思い込んで得意になること。

22 ほど　「手解き」は初歩からていねいに教えること。

23 **手**向けの言葉……×て

24 式が**厳**かに行われた……×げん

25 才知に**長**ける……×ちょう

26 彼は**生**真面目だ……×なま

27 暮れ**泥**む空……×どろ

28 平安時代の天皇の**陵**……×りょう

29 お**侠**な娘……×きょう

30 セレブ御用**達**の店……×たつ

---

23 た 「手向け」は死者を含め、遠くへ旅立つ人へ別れのしるしとして贈る金品や言葉。

24 おごそ

25 た ある方面の資質・才能を十分にもっていること。

26 き

27 なず 「暮れ泥む」は日が暮れそうで、なかなか暮れないこと。

28 みささぎ 天皇・皇后・皇太后・太皇太后の墓。

29 きゃん おてんば。

30 たし

14 音読みか訓読みか、それが問題だ

◆次の読み方、正しいのはどちらでしょう。

1 **無様**{むよう／ぶざま}に転んだ。

2 ここは私の**定宿**{じょうやど／じょうしゅく}だ。

3 名言が**琴線**{ことせん／きんせん}に触れる。

4 ようやく**御大**{ごだい／おんたい}の登場だ。

【解答と解説】

1 ぶざま

2 じょうやど　いつも決まって泊まる宿。「宿」を訓読みするのがミソ。

3 きんせん　物事に感動し共鳴する心の奥の心情。

4 おんたい　団体のトップに立つ人を親しんでいう呼び方。

5 鼻腔｛びこう／びくう｝がムズムズする。

6 間尺｛ましゃく／かんじゃく｝に合わない。

7 勘所｛かんじょ／かんどころ｝をおさえる。

8 訥弁｛のうべん／とつべん｝だが、心がこもっている。

9 曖昧｛あいみ／あいまい｝な笑いでごまかす。

10 小兵｛こひょう／こへい｝力士。

---

5 びこう　ただし、医学では慣例的に「びくう」と読む。

6 ましゃく　建築物などの寸法。「間尺に合わない」で「割に合わず、損をする」という意味になる。

7 かんどころ　物事の重要な部分。

8 とつべん　つっかえながら話すこと。「訥」で、口ごもるという意味がある。

9 あいまい　はっきりしないさま。あやふや。

10 こひょう　小柄な人物。

11 アコーディオンの**蛇腹**｛じゃばら／じゃふく｝。

12 今年は**前厄**｛ぜんやく／まえやく｝なんだ。

13 **帯封**｛たいふう／おびふう｝をはずす。

14 日本文化が**伝播**｛でんぱ／でんぱん｝した。

15 部長は**更迭**｛こうそう／こうてつ｝された。

16 **進捗**｛しんちょく／しんしょう｝状況を報告する。

---

11 じゃばら　中が空洞になっていて伸縮自在なもの。

12 まえやく　（数え年で）厄年の前年。男は24歳、41歳。女は18歳、32歳。

13 おびふう　新聞や雑誌を郵送するとき、細長い紙で封をすること。

14 でんぱ　広まること。「でんぱん」は誤読による慣用読み。

15 こうてつ　降格など悪い方向の人事異動。

16 しんちょく　物事が進みはかどること。

17 獰猛｛ねいもう／どうもう｝な獣。

18 この熟語は重箱｛じゅうばこ／じゅうそう｝読みだ。

19 この熟語は湯桶｛ゆおけ／ゆとう｝読みだ。

20 絢爛｛じゅんらん／けんらん｝な衣装をまとう。

---

17 どうもう　性質が荒く乱暴で、人に害を与えそうなこと。

18 じゅうばこ　上は音読み、下は訓読みの熟語。

19 ゆとう　上は訓読み、下は音読みの熟語。お風呂で使う桶は「ゆおけ」と読む。

20 けんらん　目がくらむほど華やかで美しいさま。

15 意味はわかるが読もうとすると悩む言葉

◆次の太字部分の読み方を答えてください。

1 **今昔**物語集を読む。
2 中原中也(なかはらちゅうや)の詩を**暗誦**する。
3 剣の**極意**を授かる。
4 **読点**のない文章は読みづらい。
5 **店賃**を払う。
6 近代**詩歌**の流れを汲(く)む。

【解答と解説】
1 こんじゃく
2 あんしょう　暗記していることを口に出して唱える。
3 ごくい
4 とうてん　意味の切れ目を示すために入れる「、」の記号。
5 たなちん　家賃のこと。
6 しいか

7 ダ・ヴィンチの**素描**。

8 大きな**凧**をあげた。

9 両者を**天秤**にかける。

10 大型船の**甲板**。

11 **蒲団**をしいて寝た。

12 七夕(たなばた)の**短冊**。

13 新しい**鞄**を買った。

14 **原付**に乗って出かける。

---

7 そびょう　単色の線で描かれたデッサン。

8 たこ　食べるタコではなく、遊び道具のほう。

9 てんびん　「天秤にかける」は、優劣や損得を比較すること。

10 かんぱん　「こうはん」とも読むが、「かんぱん」が一般的。

11 ふとん　「布団」とも書く。

12 たんざく

13 かばん

14 げんつき　原動機付き自転車の略。

15 ノアの**方舟**。

16 **横着**なヤツだなあ。

17 **白湯**を飲んだ。

18 手に**火傷**を負った。

19 お盆には**田舎**へ帰るよ。

20 **乙女**心は傷つきやすい。

21 **稲荷**神社を訪れる。

22 公園の**芝生**。

---

15 はこぶね

16 おうちゃく

17 さゆ　何も入れずに飲むお湯。

18 やけど

19 いなか　「舎」には家という意味がある。

20 おとめ

21 いなり　五穀の神様をまつった稲荷神社のこと。もともとは「稲生〈いななり〉」で農村の田んぼの神様だったという。狐は神の使いであって、ご神体ではない。

22 しばふ

23 ニューヨーク支社に**赴任**する。

24 **幸先**のいいスタートを切った。

25 チーム**一丸**となって戦う。

26 この地域は**気風**が荒い。

27 彼は**気風**がいい。

28 **親許**を離れる。

29 治療が難しい**疾病**。

30 山の**天辺**まで登った。

---

23 ふにん　会社に任命された地へ赴〈おもむ〉くこと。

24 さいさき　いいことが起こるきざし。

25 いちがん

26 きふう　気質のこと。

27 きっぷ　損得を考えず、いかにも粋な人のこと。

28 おやもと　「親元」とも書く。

29 しっぺい　病気のこと。

30 てっぺん　「てんぺん」とも読む。

16 つい読み間違いしてしまう慣用表現

◆次の慣用句の太字部分を、左のヒントをもとに読んでください。

1 **氏**より育ち。
↓生まれより育つ環境が人柄を左右する

2 **真**に受ける。
↓本当にそうだと思う

3 **柄**にもない。
↓自分の地位や性格にふさわしくない

4 **図**らずも。
↓意外なことに

【解答と解説】

1 うじ 「し」とは読まないこと。

2 ま 店の人のお世辞を―に受ける。

3 がら ―にもなく映画を見て泣いた。

4 はか ―らずも、同じ目的地だった。

5 **性**に合う。
↓性格や好みが合う

6 **杯**をもらう。
↓相手についでもらったお酒を飲む

7 **軒**を連ねる。
↓建物が隣接して密集している

8 **襟**を正す。
↓気を引き締めてきちんとする

9 **肝**が据わる。
↓何事にも動じない堂々とした態度

10 **尾**を引く。
↓あとまで影響が続く

---

5 しょう　田舎暮らしが―に合う。

6 さかずき　「盃」とも書く。

7 のき　高級ブティックが―を連ねるエリア。

8 えり　襟は衣服の首を囲む部分。また、その延長部分。―を正して説法を聞く。

9 きも　肝は内臓のこと。さらに精神、気力、肝っ玉という意味がある。年齢のわりには―が据わった人物だ。

10 お　昨日の逆転負けが―を引いた。

◆次の読み方、正しいのはどちらでしょう。

1 身を**粉**｛こな／こ｝にする↓苦労をいとわず一生懸命働く

2 **斜**｛しゃ／ななめ｝に構える↓皮肉っぽい態度をとる

3 **分**｛ぶ／ぶん｝が悪い↓自分にとって形勢がよくない

4 **罰**｛ばつ／ばち｝が当たる↓神仏から報いを受ける

5 **粋**｛すい／いき｝を集める↓優れたものを集める

【解答と解説】

1 こ

2 しゃ ジェームズ・ディーンのちょっと―に構えた感じが好き。

3 ぶ 口げんかとなると―が悪い。

4 ばち 「罰が悪い」というときは「ばつ」。この場合の罰はその場の都合、調子、具合という意味。

5 すい 土木技術の―を集めてつくった橋。

6 床{ゆか/とこ}につく↓眠ること

7 実{み/じつ}もない↓中身がすっからかんのこと

8 実{み/じつ}を取る↓名声より実質的な利益を選ぶ

9 我{が/われ}を張る↓自分の意見を強引に押し通す

10 角{つの/かど}が立つ↓ことがもつれて面倒になる

11 竹馬{たけうま/ちくば}の友↓一緒に遊んだ幼なじみ

---

6 とこ　病気で寝ているときにも使う。

7 み　首相がいう改革は名も―もない。

8 じつ　「名を捨てて実を取る」が本来の言い方。

9 が　つまらぬことに―を張るな。

10 かど　「智に働けば角が立つ、情に棹〈さお〉させば流される」という夏目漱石〈そうせき〉の『草枕』の冒頭は有名。

11 ちくば　「竹馬の友」といえば、竹馬〈たけうま〉で遊んだ友の意。

12 間{ま／あいだ}をもたせる↓あいだの時間をうまく取り繕う

13 口の端{はし／は}にのぼる↓世間で噂（うわさ）や評判になる

14 歯に衣{ころも／きぬ}着せない↓思ったままをズケズケいう

15 験{げん／けん}がいい↓縁起がいい

16 悦（えつ）に入{はい／い}る↓満足して喜ぶ

---

12 ま

13 は 「口の端」は「言葉のはしばし」という意味。

14 きぬ 歯に―着せず、批判する。

15 げん

16 い 社長にほめられて悦に―る。

4章●書き・中級編

ふだん使う言葉でも いざ漢字を問われると…

1 やはり全問正解といきたい！

◆次のカタカナを一字の漢字にしてください。

1 別の色で**ソ**め上げる。

2 突然、痛みが**オソ**う。

3 肉体を**キタ**える。

4 夢を**アキラ**める。

5 愛を**ハグク**む。

6 声援に打撃で**コタ**える。

【解答と解説】

1 染

2 襲

3 鍛

4 諦 「締める」と混同しないように。

5 育 養って育てる。

6 応 働きかけに反応すること。「答える」と書くのは言葉で返事する場合。

◆次のカタカナを二字の漢字にしてください。

1 権力に**テイコウ**する。
2 会社は**リエキ**を上げた。
3 **コセイ**を伸ばす教育。
4 くだらない話は**ムシ**すべきだ。
5 **オンケイ**をこうむった。
6 **ゲンミツ**な検査を受ける。
7 宇宙を**タンサク**する。

【解答と解説】
1 抵抗
2 利益
3 個性
4 無視　価値や存在を認めないこと。
5 恩恵　恵み、情け、慈しみなど。
6 厳密　細かい点まで厳しく行うこと。
7 探索　探し求めること。

◆次のカタカナに当てはまる漢字は、（　）のどちらでしょう。

1　身柄を**コウソク**（拘束・拘捉）する。

2　工場を**カクチョウ**（格張・拡張）する。

3　**ヒサン**（悲酸・悲惨）な戦争体験。

4　過去の実績を**カンアン**（勘案・観案）する。

5　**ボウキャク**（忘脚・忘却）のかなた。

6　最悪の事態を**ネントウ**（念頭・年頭）に置く。

7　**キンセイ**（均製・均整）のとれた体つき。

【解答と解説】

1　拘束　とらえて、束縛すること。

2　拡張

3　悲惨

4　勘案　いろいろと考え合わせること。

5　忘却

6　念頭　「念頭に置く」は、覚えていて気にかけること。

7　均整　つり合いがとれて整っていること。

◆次の慣用句の□に入る漢字を、語群の中から選んでください。

1 □の舞い↓同じことを繰り返す

2 □のある↓信念を貫く意志が強い

3 □に入る↓優れている

4 □で行く↓想像上の出来事が実際に起こる

5 □を上げる↓弱音をはく

6 □に流す↓もめごとをなかったことにする

【語群】堂・二・音・骨・水・地

【解答と解説】

1 二 (例：以下同) 君の―の舞を演じるつもりはない。

2 骨 我が子ながら、なかなか―のあるヤツだ。

3 堂

4 地 サスペンスドラマを―で行くような事件だ。

5 音 読み方は「ね」。

6 水

2 ハカる、タつ…使い分けに迷う漢字

◆aとbのカタカナ部分は読み方が同じですが、漢字は異なります。それぞれの漢字を答えてください。

1
a・体重を**ハカ**る。
b・業務の拡大を**ハカ**る。

2
a・罪を**オカ**す。
b・他国の領土を**オカ**す。

3
a・車に**ノ**る。
b・新聞に記事が**ノ**る。

【解答と解説】

1 a・量　重さ・容積を調べる意味。
b・図　実行するという意味。

2 a・犯
b・侵　侵入する。

3 a・乗
b・載

4
a・怒りを**オサ**える。
b・要点を**オ**さえる

5
a・海**ゾ**いの家
b・病人につき**ソ**う。

6
a・はさみで布を**タ**つ。
b・酒を**タ**つ。

7
a・目を**サ**ます。
b・お湯を**サ**ます。

□□　□□　□□　□□

4
a・抑　勢いを止めること。
b・押　重要な点を認識・理解するという意味。

5
a・沿
b・添　要望に応える、寄り添うなどの意味。

6
a・裁　布や紙を切るときはこちら。
b・断　続けてきた物事をやめること。

7
a・覚
b・冷

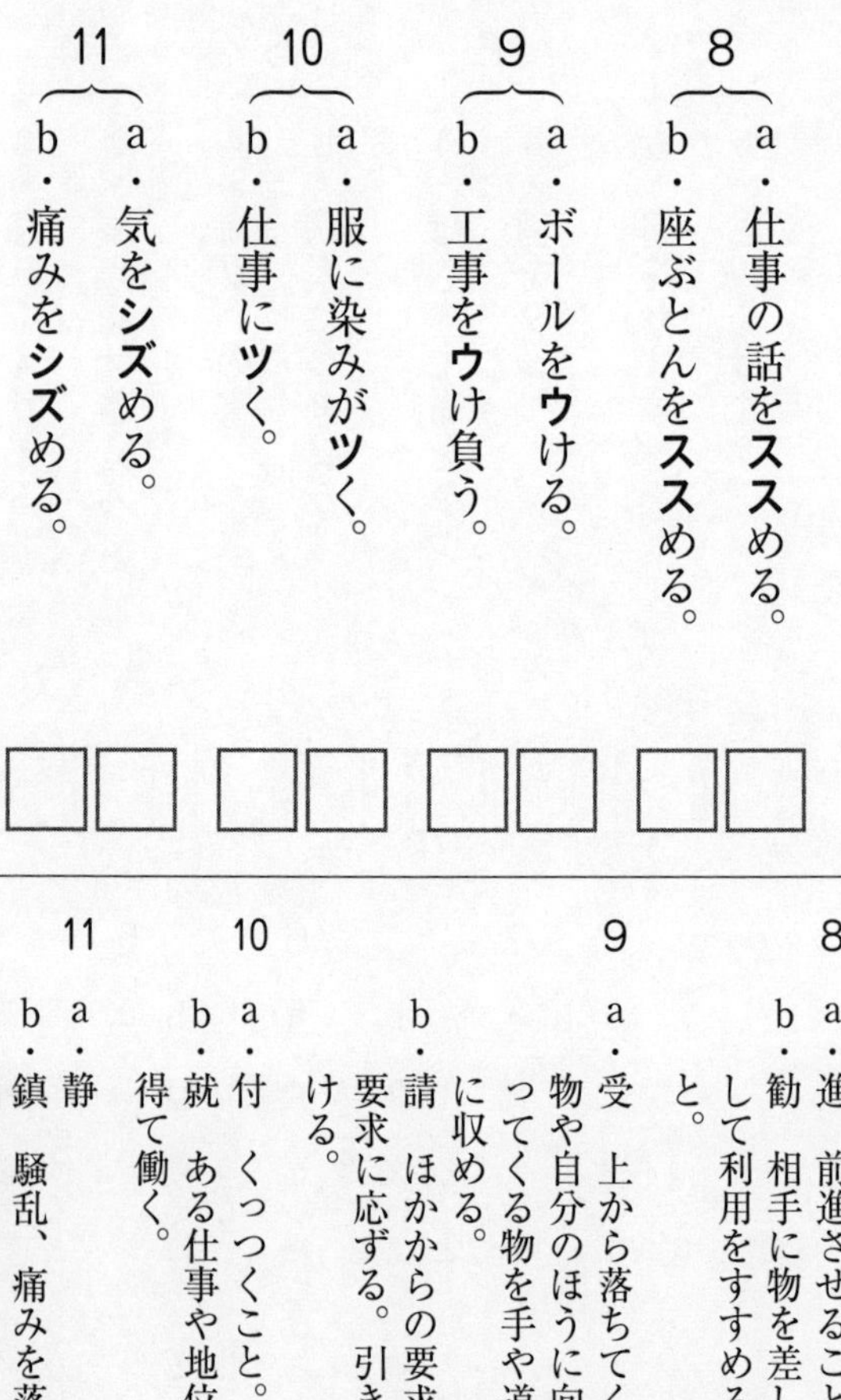

8
a・仕事の話を**スス**める。
b・座ぶとんを**スス**める。

9
a・ボールを**ウ**ける。
b・工事を**ウ**け負う。

10
a・服に染みが**ツ**く。
b・仕事に**ツ**く。

11
a・気を**シズ**める。
b・痛みを**シズ**める。

8
a・進　前進させること。
b・勧　相手に物を差し出して利用をすすめること。

9
a・受　上から落ちてくる物や自分のほうに向かってくる物を手や道具に収める。
b・請　ほかからの要求に要求に応ずる。引き受ける。

10
a・付　くっつくこと。
b・就　ある仕事や地位を得て働く。

11
a・静
b・鎮　騒乱、痛みを落ち着かせること。

12
a・台風に**ソナ**える。
b・仏前に花を**ソナ**える。

13
a・夜が**ア**ける。
b・窓を**ア**ける。

14
a・空気を入れ**カ**える。
b・家具の位置を**カ**える。

15
a・壊れた道具を**ナオ**す。
b・病気を**ナオ**す。

□□ □□ □□ □□

12
a・備　準備する。
b・供　捧げる。

13
a・明　「明ける」には、朝になる、年が改まる、一定の期間・状態が終わるという意味がある。
b・開

14
a・替または換　とりかえること。
b・変

15
a・直　正しい状態・物にする。もとに戻す。
b・治

3 社会人たるもの、こんな変換ミスは避けたい

◆傍線部の漢字は間違っています。正しい漢字に直してください。

1 犯人が人質を**開放**した。
2 彼は結婚の**対照**にならない。
3 上司の**感心**を買う。
4 **鋭気**を養う。
5 **野生**的な男性。
6 身元を**保障**する。

【解答と解説】
1 解放
2 対象 「対照」は二つのものを比べるときに使う。目標となるものという意味なら「対象」が○。
3 歓心
4 英気
5 野性
6 保証

7 その話には**異和感**がある。

8 強い**脅迫観念**がある。

9 日米の学生による**交換**会。

10 **時代主義**的な発想。

11 門戸を**解放**する。

12 報道**官制**が敷かれる。

13 漢字には**形成**文字がある。

14 一筆**計上**する。

15 問題に万全の**体制**で臨む。

---

7 違和感

8 強迫観念 「脅迫」はおどすこと。

9 交歓

10 事大主義 自分を守るために強大なものに従うこと。

11 開放

12 管制

13 形声 「意味を表す部分と発音を表す部分を組み合わせてできた漢字」という意味で「形声」が○。

14 啓上

15 態勢

16 部長の**決済**を仰ぐ。
17 じっと**時期**をうかがう。
18 **初期**の目的を達成する。
19 不動産を**騰貴**する。
20 **荷重**労働に耐えられない。
21 不祥事を防ぐべく**綱規**を粛正する。
22 **逐時**、報告いたします。
23 コストを**一率**、10%カットする。
24 **前後**策を協議する。

---

16 決裁　「決裁」は権限のある者が事案の採否を決めること。
17 時機　チャンス。
18 所期　「所期」はそうしようと期待すること。
19 登記
20 過重　「荷重」は荷の重さ、「過重」は負担が重いこと。
21 綱紀　「綱紀」は国を治めるうえでの規律。
22 逐次
23 一律
24 善後　あとをよくすること。前と後ろではない。

25 **短的**に申しまして……。

26 緊張感が**欠除**している。

27 筆記用具をご**自参**ください。

28 来客の**応待**にあたる。

---

25 端的　簡潔なさま。

26 欠如

27 持参

28 応対「接待」と混同しないように。

4 送りがなまできちんと書けますか？

◆次のカタカナを、送りがなまで含めて漢字にしてください。

1 机を**ヘダテ**て向き合う。

2 春には娘が**トツグ**。

3 私は**イキドオリ**を覚えた。

4 彼は**イサギヨク**あきらめた。

【解答と解説】

1 隔て　間に何かを置いてさえぎる。または時間的な距離を置く。

2 嫁ぐ

3 憤り　ひどく腹を立てること。

4 潔く　態度に卑怯〈ひきょう〉なところや未練なところがない。清らかですがすがしい様子。

5　たしかな**テゴタエ**を感じた。

6　**ホガラカ**な笑顔。

7　仕事を**ナマケル**。

8　注意を**オコタル**。

9　肩の**コリ**がひどい。

5　手応え　手に伝わってくる感触。働きかけたときに相手の示す反応。とくに積極的な反応。

6　朗らか　心にこだわりがなく、晴れ晴れしている様子。

7　怠ける

8　怠る　「ナマケル」と「オコタル」は送りがなの違いに注意。

9　凝り　体の一部の血液循環が悪くなり、筋肉が張って硬くなること。

5 意味も一緒にマスターしたい熟語

◆次のカタカナを漢字で書くと、（　）内のどちらになるでしょう。

1 ゼヒ（是否・是非）を論ずる。

2 トクメイ（匿名・特名）希望。

3 シャダツ（酒脱・洒脱）な人柄。

4 ヤキン（冶金・治金）の技術。

5 シセイ（私生・市井）の暮らし。

6 キョウベン（教鞭・教便）をとる。

【解答と解説】

1 是非　よいことと悪いこと。

2 匿名

3 洒脱　あかぬけしていること。

4 冶金　鉱石から金属を取り出し、精錬したり、合金をつくること。

5 市井

6 教鞭

7 外国製品の**ハイセキ**（排斥・排析）。

8 **ソウスイ**（総師・総帥）に就任した。

9 広く**ケンデン**（喧伝・宣伝）された。

10 彼は**ボンヨウ**（汎庸・凡庸）な人物だ。

11 交通の**ヨウショウ**（要衝・要衡）。

12 非行の**オンショウ**（温床・湿床）。

13 条約を**ヒジュン**（批準・批准）する。

14 **タヅナ**（手綱・手網）を握る。

---

7 排斥

8 総帥　全軍を率いる総大将のこと。転じて、大きな組織を束ねる人。

9 喧伝　世間に広く言いふらすこと。

10 凡庸　とりえがなく平凡なこと。

11 要衝

12 温床　ある傾向や風潮が生まれやすい環境。おもに悪いことに対して使う。

13 批准　国家が条約を承認すること。

14 手綱

6 人や感情を表現するなら必須の語彙

◆次のカタカナを二字の漢字にしてください。

1 **シュウネン**を燃やす。

2 あいつは**ハラグロ**い男だ。

3 授賞式で**カンルイ**にむせぶ。

4 痛い所をつかれて**ギャクジョウ**した。

5 **ツウカイ**な映画だった。

【解答と解説】

1 執念

2 腹黒

3 感涙　深く感じ入って流す涙。

4 逆上　激しい怒りや悲しみなどで頭に血が上ること。

5 痛快　胸がすっきりして気持ちがいい様子。

6 **ドキ**を含んだ声。

7 戦争への**ゾウオ**を表す。

8 **アイシュウ**をおびた背中。

9 悲しい知らせに**ゴウキュウ**する。

10 **フクシン**の部下。

11 **シバイ**がかったしぐさ。

12 とっても**ステキ**な人!

---

6 怒気　怒った気持ちや顔つきのこと。

7 憎悪

8 哀愁　ひっそりと物悲しい様子。

9 号泣　大声を上げて泣くこと。

10 腹心　心の奥底という意味で、心から信頼していて、何でも相談できること。また、その人。同輩以下に用いる。

11 芝居

12 素敵

13 **ケンキョ**な態度が好ましい。

14 **テイネイ**な言葉遣い。

15 寂しげな**フゼイ**を漂わせる。

16 **シリョ**に欠けた行動だ。

17 彼は音楽界の**キョショウ**だ。

18 彼らは年来の**キュウテキ**だ。

19 会社での**エイタツ**を望む。

---

13 謙虚　素直で控えめなこと。「謙」は訓読みすると「へりくだ（る）」で、自分を低めて行動するという意味。

14 丁寧

15 風情　しみじみとした趣〈おもむき〉。

16 思慮　物事をよく考えること。

17 巨匠　学問・芸術などの専門分野でとびぬけて優れた人。

18 仇敵　憎く思っている敵〈かたき〉。

19 栄達　出世すること。

20 彼は**ユウカン**な若者だ。

21 **ニンジョウ**にあつい人物。

22 親**コウコウ**な息子だよ。

23 彼は**キョウサイ**家なんだ。

24 あの**ガンコ**おやじめ。

25 彼女は**カンセイ**豊かだね。

26 **タンチョウ**な話し方。

27 **ドウケ**を演じる。

---

20 勇敢

21 人情　人に対するやさしさや思いやり。

22 孝行　「孝」を「考」と間違えないように。

23 恐妻

24 頑固

25 感性

26 単調　変化にとぼしいこと。

27 道化　こっけいな身ぶりや言葉。また、そんな動作や言葉で人を笑わせる人。

7 全問正解を目指したい！ 対義語の初歩

◆次の□に漢字一字を入れて、対義語を完成させてください。

1 暑い ↕ □い
2 厚い ↕ □い
3 熱い ↕ □たい
4 攻める ↕ □る
5 深い ↕ □い
6 口が堅い ↕ 口が□い

【解答と解説】

1 寒 気温に対して使う。
2 薄 ものの厚みを表す。
3 冷 温度を示す。
4 守
5 浅
6 軽 「口が柔らかい」とはいわないので注意。

◆語群の中から読みを選んで漢字にし、対義語を完成させてください。

1 子音 ↕ □音
2 寒色 ↕ □色
3 現実 ↕ 理□
4 具体的 ↕ 抽□的
5 否定 ↕ □定
6 多勢 ↕ □勢

【語群】しょう・だん・ぶ・ぼ・そう・こう

【解答と解説】
1 母音〈ぼいん〉
2 暖色〈だんしょく〉
3 理想〈りそう〉
4 抽象的〈ちゅうしょうてき〉
5 肯定〈こうてい〉
6 無勢〈ぶぜい〉「多勢に無勢」というと、少人数で大人数に向かっていってもかなわないこと。

8 似ている語を探せ！ 類義語の初歩

◆次の類義語は何でしょう。語群の中から読みを選んで漢字にしてください。語群の語は何度使ってもかまいません。

1 希望―□望
2 材料―□料
3 有名―□名
4 長所―□点
5 時間―時□

【解答と解説】

1 願望〈がんぼう〉
2 原料〈げんりょう〉 原料は完成したときに、もとの形が残らないもの。
3 著名〈ちょめい〉
4 美点〈びてん〉
5 時刻〈じこく〉 時刻はある決まった一瞬のこと。

6 公平―平□
7 賛成―□意
8 弱点―□所
9 返事―□答
10 進歩―発□
11 消息―□信
12 質素―□味

【語群】どう・じ・び・おう・てん・ちょ・こく・おん・がん・げん・たん

---

6 平等〈びょうどう〉
7 同意〈どうい〉
8 短所〈たんしょ〉
9 応答〈おうとう〉 応答は話しかけられたり呼びかけられたりしたときの答え。「手紙の応答を出す」とはいわない。
10 発展〈はってん〉
11 音信〈おんしん〉
12 地味〈じみ〉

9 よく聞く言い回し、書けますか

◆太字は決まった言い回しです。正しい漢字に直してください。

1 引き受けてくれたら**恩の字**だ。

2 **事のほか**気に入った。

3 不満の**吐け口**がない。

4 権威を**嵩に着る**なんて最低だ。

【解答と解説】

1 御の字　「御の字」で一つの言葉。ありがたいこと。

2 殊のほか　「ことのほか」は「案外」「とりわけ」の意味。「とくに」と同じ意味の「殊に」の「殊」を使う。

3 捌け口

4 笠に着る　「嵩」は「嵩にかかって攻める」のように使う。

5 試験にパスするのは**至難の技**だ。

6 彼は経営者の**鏡**だ。

7 **多勢**の観客を集める。

---

5 至難の業　「技」は技術。「業」は動きや仕事などを表す。

6 鑑　「鏡」は道具のかがみ。規範の意味で使うときは「鑑」。

7 大勢　「おおぜい」というときはこちら。

8 寺小屋式の塾の評判がいい。

9 老い先が楽しみな子ども。

10 実もフタもないとはこのことだ。

11 直接会ったが取りつく暇もない。

12 まさに嘘から出た誠だ。

---

8 寺子屋式 「寺子屋」は江戸時代の塾のようなもの。学ぶ子どもが「寺子」で、「寺」の「小屋」ではない。

9 生い先 「余生」の意味で「老い先短い」などと使うことが多いため、間違えやすい。「生い先」は成長していく将来という意味で、子どもの将来についていう。

10 身もフタもない 「身」は容器のフタに対して、物を納めるほう。

11 取りつく島もない 「ヒマ」ではなく、「シマ」。

12 嘘から出た真

13 各界のトップが**一同に会する**。［　　］

14 **一時が万事**ということだ。［　　］

15 **頭に乗る**のはいただけない。［　　］

16 長い下積みを経てやっと**目が出る**。［　　］

17 **対岸の家事**ではないのだが…。［　　］

---

13 一堂に会する　たくさんの人が同じ場所（一堂）に集まること。

14 一事が万事　一つのことがそうだと、ほかのことも同じという意味。

15 図〈ず〉に乗る　いい気になって調子に乗ること。

16 芽が出る　運が向いてきて世間に認められること。驚いて目が飛び出るのではない。

17 対岸の火事　自分にはなんの関係もないので痛くもかゆくもないということ。

国名や都市名を漢字で書くと？——漢字おもしろ雑学❷

「米」がアメリカ、「英」がイギリス、「独」がドイツを表すことはご存じのはず。それぞれ漢字では「亜米利加」「英吉利」「独逸」となります。

では、ふだんはカタカナ表記される以下の国名や都市名を漢字にすると、どうなるでしょう？

〈国名〉

- 仏蘭西→フランス
- 伊太利→イタリア
- 西班牙→スペイン
- 露西亜→ロシア
- 印度→インド
- 和蘭陀→オランダ
- 埃及→エジプト
- 伯剌西爾→ブラジル
- 亜爾然丁→アルゼンチン
- 瑞西→スイス
- 葡萄牙→ポルトガル
- 越南→ベトナム

〈都市名〉

- 巴里→パリ
- 倫敦→ロンドン
- 紐育→ニューヨーク
- 桑港→サンフランシスコ
- 維納→ウィーン
- 莫斯科→モスクワ
- 牛津→オックスフォード
- 伯林→ベルリン
- 羅馬→ローマ

5章●読み・上級編

8割できたら、あっぱれ！漢字力はかなりのもの

1 ここからが本番。読めるか腕試し！

◆次の動詞・形容詞の読み方を答えてください。

1 顔が**強ばる**。
2 途中で**挫ける**。
3 会社に**背く**。
4 辞書を**携える**。
5 **栄えある**賞を手にした。
6 **厳めしい**顔である。

【解答と解説】
1 こわばる　柔らかいものが硬直する。
2 くじける　勢いや意欲がそがれ、挫折する。
3 そむく　反抗する。
4 たずさえる　携帯する。
5 はえある　名誉がある。
6 いかめしい　いかつい、重々しい。

◆次の読み方、正しいのはどちらでしょう。

1 状況を**巨細**{きょさい／こさい}に伝える。

2 **福音**{ふくいん／ふくおん}を待つ。

3 彼は絵画に**造詣**{ぞうし／ぞうけい}が深い。

4 屋根を**普請**{ふせい／ふしん}した。

5 **釣果**{ちょうか／つりか}はゼロだ。

【解答と解説】

1 こさい　大きなことと小さなこと。

2 ふくいん　よい知らせ。音は「いん」と読む。

3 ぞうけい　学問などに深く通じている。

4 ふしん　家を建てたり修理したりすること。もとは禅宗が上下関係なく造営などさまざまな仕事を行うという意味。

5 ちょうか　魚釣りの成果、つまり釣れた魚の量。

◆次の熟語はなんと読むでしょう。

1 子どもの**悪戯**に手を焼く。

2 **急坂**を上っていく。

3 **辛辣**な批判を受ける。

4 **憔悴**しきった様子。

5 **叱咤**激励する。

6 文書を**捏造**した。

7 **天賦**の才能のもち主だ。

【解答と解説】

1 いたずら

2 きゅうはん　勾配が急な坂。「きゅうざか」ではない。

3 しんらつ

4 しょうすい　やつれること。

5 しった　大声を出して叱ること。「叱咤激励」は、叱って励ますこと。

6 ねつぞう

7 てんぷ　生まれつき天から授かったもの。「賦」を「ぶ」と読まないように。

◆次の慣用句を正しく読んでください。

1 **非業の死**を遂げる。

2 **満遍なく**かき混ぜる。

3 **益体も無い**ことを言うな。

4 ライバル社の**先を越す**のだ。

5 **賽の河原**で小石を積む。

6 香をたいてにおいをかぐことを**香を聞く**という。

7 ヘタな歌に**興が醒める**。

【解答と解説】

1 ひごうのし　不幸にも天寿をまっとうしないうちに最期を迎えること。

2 まんべんなく

3 やくたいもない　役に立たず、でたらめであること。

4 せんをこす

5 さいのかわら　死んだ子どもが行く冥途〈めいど〉にある河原。

6 こうをきく

7 きょうがさめる

2 世間通を目指すなら必須の漢字

◆次の太字部分の読み方を答えてください。

1 ゆっくり**咀嚼**する。

2 今場所は**巴戦**になった。

3 歴史に名高い小田原**評定**。

4 2人の間に**間隙**を生ずる。

5 彼は**快闊**な青年だ。

6 **徒花**に終わる。

【解答と解説】

1 そしゃく

2 ともえせん　3人のうち1人が、ほかの2人に続けて2勝すれば優勝という戦い。

3 ひょうじょう　みなで集まり相談して決めること。

4 かんげき

5 かいかつ

6 あだばな

7 **下知**を受ける。

8 無痛**分娩**。

9 遠くに**漁火**が見える。

10 **阿吽**の呼吸。

11 推理小説を**耽読**する。

12 昨年暮れに**物故**した知人。

13 見知らぬ男が会場に**闖入**した。

14 事実を**歪曲**して伝える。

---

7 げじ・げち　上から下へ指図すること。

8 ぶんべん

9 いさりび　魚をおびきよせるために漁船でたくかがり火。「ぎょか」と読むこともあるが一般的ではない。

10 あうん

11 たんどく　夢中になって書物を読みふけること。

12 ぶっこ　人が亡くなること。

13 ちんにゅう　ことわりなしに無断で入り込むこと。

14 わいきょく　わざと内容をゆがめること。

◆次の読み方、正しいのはどちらでしょう。

1 **首途**｛くびと／かどで｝を祝う。

2 **剣突**｛けんとつ／けんつく｝を食わせる。

3 **定法**｛じょうほう／ていほう｝どおり。

4 **雄図**｛ゆうと／ゆうず｝むなしく挫折する。

5 誰かが**放屁**｛ほうへ／ほうひ｝した。

【解答と解説】

1 かどで 「門出」とも書く。転機となる旅立ちのこと。

2 けんつく とげとげしく邪険にすること。

3 じょうほう こういう場合はこうすると決まっている規則。または、しきたり。

4 ゆうと 雄大な計画。

5 ほうひ おならをすること。「へ」ではなく「ひ」と読む。

6 生国｛しょうごく／せいごく｝を知らない。

7 しょせん泡銭｛あわせん／あぶくぜに｝だ。

8 自分の意見を敷衍｛ふえん／ふこう｝した。

9 殺人教唆｛きょうしゅん／きょうさ｝の疑い。

10 颯爽｛さっそう／ふうそう｝と登場する。

11 生贄｛いけさん／いけにえ｝を捧げる。

---

6 しょうごく　生まれ故郷。生まれた国。「しょうこく」ともいう。

7 あぶくぜに　働かないで、苦労なく得た金のこと。または、不正な方法で儲〈もう〉けた金。

8 ふえん　意味をおし広げること。わかりやすく説明すること。

9 きょうさ　他人をそそのかすこと。犯罪実行を決意させることにも使う。

10 さっそう

11 いけにえ

3 独楽、蠟燭…今では懐かしいアレ、読めますか？

◆次の太字部分の読み方を答えてください。

1 父が**卓袱台**をひっくり返す。

2 うちの犬は**炬燵**で丸くなっている。

3 **童歌**を歌う声が聞こえる。

4 **独楽**回しを叔父に習った。

5 正月にいとこたちと**双六**をした。

6 春から、**算盤**の教室に通っている。

【解答と解説】

1 ちゃぶだい　脚の低い食卓のこと。

2 こたつ

3 わらべうた

4 こま

5 すごろく

6 そろばん

7 親戚の家に**達磨**の置物がある。

8 棚の**螺子**が緩む。

9 **蠟燭**をあやまって倒した。

10 **三和土**に野菜カゴをおろす。

11 **花押**のある古文書を見せる。

12 お祭りで**白粉**を塗られた。

13 今日は冷えるので**股引**をはく。

14 **浴衣**の着付けが1人でできない。

---

7 だるま　倒しても起き上がるという意味をもつ開運の縁起物。禅宗の初祖、達磨大師の坐禅姿に似せたという。

8 ねじ

9 ろうそく

10 たたき　昔の日本家屋でいう土間。土と石灰、にがりを混ぜたものを土間に塗って叩き固めることから。

11 かおう　日本風のサイン。

12 おしろい　化粧用の白い粉。

13 ももひき　ズボン下のこと。

14 ゆかた

15 **反物**を叔母から預かった。

16 香典を**袱紗**に包む。

17 夏の夜は**蚊帳**を吊って寝る。

18 筆と**墨汁**を用意した。

19 **衝立**で部屋を二つに区切る。

20 昔とった**杵柄**。

21 朝顔の絵が描かれた**団扇**。

22 下駄の**鼻緒**をすげる。

---

15 たんもの　おとな1人分の着物をつくるのに必要な分量（＝一反）に仕上げた織物。

16 ふくさ　小さな絹の風呂敷。

17 かや　蚊を防ぐために吊る覆い。

18 ぼくじゅう

19 ついたて

20 きねづか　モチつきで使う杵の柄〈え〉のこと。「昔とった杵柄」は、腕に覚えがあるという意味。

21 うちわ

22 はなお

23 父は**雪駄**をはいて出かけた。
24 ご隠居が**煙管**をひと口すった。
25 お坊さんが**作務衣**を着る。
26 **風呂桶**でお湯を汲んだ。
27 **お櫃**からごはんをよそう。
28 **行灯**をつけてくれ。
29 新しい**鉛筆**を削る。
30 **納屋**に農具を取りに行く。

---

23 せった　竹皮でできた草履の裏に牛の革をはり、かかとに鉄板をつけた履物。
24 きせる
25 さむえ
26 ふろおけ
27 おひつ　ごはんを入れる桶に似た形の器。
28 あんどん　和紙貼りの木の枠の中に、油の入った皿を入れて灯をともす道具。
29 えんぴつ
30 なや　農具などをしまっておくところ。

4 まとめて覚えたい三字熟語

◆次の三字熟語の読み方を、左のヒントをもとに答えてください。

1 **七変化**
↓1人の俳優が七つの役を演じる

2 **義捐金**
↓災害にあった人への寄付

3 **不文律**
↓暗黙の了解

4 **好事家**
↓変わったことを好む人

【解答と解説】

1 しちへんげ 「七」は「なな」ではなく、「しち」と読むのが一般的。

2 ぎえんきん 「義援」と書くこともある。

3 ふぶんりつ （例：以下同）飲食店への持ち込み禁止は─になっている。

4 こうずか 「こうじか」ではない。

5 **金輪際**
↓絶対に、決して

6 **奇天烈**
↓珍妙なこと

7 **野放図**
↓やりたい放題

8 **茶飯事**
↓ありふれたこと

9 **未曾有**
↓歴史上初めてのこと

10 **破廉恥**
↓恥知らず

---

5 こんりんざい　もとは仏教用語で、大地の底にある金輪のさらに下にある大地の果てのこと。―遅刻はしません。

6 きてれつ　「きてんれつ」ではない。

7 のほうず　全く―なヤツだよ。

8 さはんじ　「ちゃはんじ」はよくある間違い。日常―。

9 みぞう　「みぞうゆう」ではない。

10 はれんち

◆次の三字熟語は人を形容する言葉です。なんと読むでしょう。

1 **朴念仁**
↓わからずや

2 **唐変木**
↓偏屈

3 **青二才**
↓未熟な若者

4 **天邪鬼**
↓へそ曲がり

5 **依怙地**
↓つまらないことに意地を張る

【解答と解説】

1 ぼくねんじん

2 とうへんぼく

3 あおにさい　経験の足りない若い男に対していう。――が何をいう。

4 あまのじゃく　『古事記』『日本書紀』に出てくる天探女〈あまのさぐめ〉という邪心の女神が由来。

5 えこじ（いこじ）　――になるなよ。

6 **几帳面**
↓こまかくて律義な人

7 **野暮天**
↓気が利かない人

8 **鉄面皮**
↓面(つら)の皮が厚い

9 **人非人**
↓人の道にはずれた人

10 **二枚舌**
↓嘘をつくこと

11 **疫病神**
↓人から忌み嫌われている

---

6 きちょうめん

7 やぼてん

8 てつめんぴ　恥知らずであつかましいこと。全く―な男だ。

9 にんぴにん　もとはインド神話に登場する緊那羅〈きんなら〉という、人に似て人でない歌神の別名。

10 にまいじた　あの人は平気で―を使うよね。

11 やくびょうがみ　もとは悪い病気を流行させるといわれる神のこと。

5 徒、兵、政…一文字だけだと何と読む？

◆太字部分の読み方はすべて間違っています。正しい読み方に直してください。

1 女の悲しい**性**……×せい
2 かえって**徒**になる……×いたずら
3 政府の**要**に就く……×よう
4 会社を**私**する……×し
5 京の**雅**を味わう……×が
6 無謀な**輩**……×はい

【解答と解説】
1 さが　生まれつきの性質。
2 あだ　むだなこと。
3 かなめ
4 わたくし　私物化する。「しする」ではないので注意。
5 みやび
6 やから　連中。

7 小説の**件**……×けん

8 **件**のお話ですが……×けん

9 **兵**どもが夢のあと……×へい

10 **邪**な考え……×じゃ

11 **政**をつかさどる……×せい

12 社会の**礎**になる……×そ

13 努力の**賜**……×し

14 累々（るいるい）たる**屍**……×し

---

7 くだり　文章のある部分。

8 くだん　前に話した例の。

9 つわもの　武器を取る人。兵士。

10 よこしま　道理にはずれていること。

11 まつりごと　政治。昔は祭事と政治が一体化していたために、そのなごりでこう読まれる。

12 いしずえ　建物の柱を支える柱。土台。

13 たまもの　天からいただいたもの。よい結果。

14 しかばね

6 よく使うのに漢字だと読めない動詞

◆太字部分の読み方を答えてください。

1 汚名を**雪ぐ**。
2 奇を**衒う**。
3 犯人を**匿う**。
4 気力が**漲る**。
5 病気が体を**蝕む**。
6 舌が**蕩ける**うまさだ。

【解答と解説】

1 すすぐ　不名誉なことを除き去る。
2 てらう　ひけらかす。
3 かくまう
4 みなぎる　いっぱいになる。
5 むしばむ
6 とろける　溶けて液状になる。心を奪われ、うっとりする。

7 資料代が**嵩む**。

8 悪魔が人を**唆す**。

9 物思いに**耽る**。

10 恥を**晒す**。

11 女性の心を**弄ぶ**。

12 客の購買意欲を**煽る**。

13 小麦粉を**捏ねる**。

14 彼の意見が物議を**醸す**。

---

7 かさむ

8 そそのかす　相手をその気にさせて悪いほうへ導く。

9 ふける

10 さらす　日光や風雨が当たるままにしておく。もしくは人目に触れるようにする。

11 もてあそぶ

12 あおる　物や人の心を激しく動かす。

13 こねる

14 かもす　麴〈こうじ〉に水を加えて発酵させ、酒や醤油などをつくる。もしくはある状態や雰囲気を生み出す。

7 知らないと普通に間違う「ひと癖ある」語

◆太字部分の読み方はすべて間違っています。正しい読み方に直してください。

1 **素気**ない態度……×そけ
2 **生粋**の江戸っ子……×なまいき
3 **御法度**に触れる……×ごほうど
4 **物怪**の幸い……×もののけ
5 文人**墨客**……×ぼくきゃく
6 **畢竟**かなわない夢だ……×かきょう

【解答と解説】
1 そっけ 「すげない」とも読む。
2 きっすい まじり気がない。
3 ごはっと 禁止事項。
4 もっけ 意外。
5 ぼっかく 書画や詩文をつくる人。
6 ひっきょう 結局。

7 **木端**役人……×きはし

8 **初端**からつまずいた……×しょたん

9 **蓮葉**な女……×はすば

10 **甲冑**を身につける……×こうちゅう

11 **入魂**の間柄……×にゅうこん

12 **素頓狂**な声……×すとんきょう

13 **突慳貪**な態度……×とつけんどん

14 こんな**別嬪**見たことない……×べつひん

---

7 こっぱ　取るに足りない。

8 しょっぱな

9 はすっぱ　女の態度や性格が軽薄で下品なこと。

10 かっちゅう

11 じっこん　親しいこと。「入魂の作品」などというときは「にゅうこん」。

12 すっとんきょう

13 つっけんどん　冷淡。

14 べっぴん　特別によい品物。転じて、優れた人物も意味するようになり、やがて女性の容姿のみをさすようになった。

15 彼は**出奔**した……×しゅつほん

16 平家の**落人**……×おちびと

17 千手**観音**……×かんおん

18 **輪廻**転生……×りんかい

19 この店の**湯女**……×ゆじょ

20 仏壇の**供物**……×きょうぶつ

21 **手水**鉢……×てみず

22 結果を**云々**する……×うんうん

---

15 しゅっぽん 逃げて行方をくらますこと。

16 おちうど 戦に負け、人目を避けて逃げる人。

17 かんのん 人々を苦悩から救済する菩薩〈ぼさつ〉。

18 りんね

19 ゆな 江戸や大坂などの温泉場や風呂屋（湯女風呂）で客の接待をした遊女。

20 くもつ 神仏に供え捧げる物。「ぐもつ」とも読む。

21 ちょうず 手や顔を洗う水。

22 うんぬん あれこれいう。

23 **氷雨**が降る……×ひあめ

24 ごはんの**杓文字**……×しゃくもじ

25 **益荒男**ぶり……×ますあらお

26 神社の**境内**……×けいない

27 **因業**な高利貸し……×いんぎょう

---

23 ひさめ　冷たい雨。

24 しゃもじ

25 ますらお　勇気があり、強く立派な男。

26 けいだい

27 いんごう　冷酷で人間味のないさま。

8 読めたらスゴイ！ 難読の「〜しい」

◆次の太字部分の読み方を答えてください。

1 **夥しい**数のアリが砂糖に群がる。

2 **賢しい**少女。

3 彼は**温和しい**性格だ。

4 **悍ましい**事件が起きた。

5 **疚しい**ことは何もない。

6 **床しい**人柄。

【解答と解説】

1 おびただしい　非常に多いこと。

2 さかしい　聡明な様子。

3 おとなしい

4 おぞましい　ぞっとするような。

5 やましい

6 ゆかしい　上品で落ち着きがあるさま。

7 喧しい話し声だなあ。

8 倹しい暮らし。

9 艶めかしい女性。

10 彼女は恭しく一礼した。

11 凄まじい形相だった。

12 嶮しい顔つき。

13 禍々しい雰囲気だ。

14 彼は煌々しく見えた。

---

7 かまびすしい（やかましい） うるさいこと。

8 つましい 生活ぶりが質素なさま。「約しい」とも書く。

9 なまめかしい しっとりとして色っぽいこと。「生めかしい」とも書く。

10 うやうやしく

11 すさまじい

12 けわしい（きびしい）

13 まがまがしい 不吉な予感をさせること。

14 きらきらしく 輝いて見えたり、非常に目立つ様子。

9 牛蒡も玉葱もおなじみの野菜だが…

◆次はおなじみの野菜や果物の名前です。なんと読むでしょう。

1 **杏子**…アプリコット
2 **独活**…「〜の大木」などという
3 **豌豆**…さや〜、赤〜
4 **山葵**…鼻にツンとくる辛さ
5 **胡瓜**…夏野菜の定番
6 **蜜柑**…こたつにはコレ

【解答と解説】
1 あんず
2 うど　若い茎を食用にする。
3 えんどう
4 わさび
5 きゅうり　もとは「黄色い瓜」からきた名前で、インド原産。
6 みかん

7 **紫蘇**…赤や緑がある

8 **蚕豆**…親指大のマメ

9 **玉葱**…切ると涙が

10 **大蒜**…独特の香り

11 **葡萄**…ワインの原料にも

12 **茗荷**…薬味でおなじみ

13 **檸檬**…すっぱい！

14 **蓮根**…穴のある野菜

---

7 しそ 「大葉」は青紫蘇のこと。

8 そらまめ 「空豆」とも書く。

9 たまねぎ

10 にんにく 古名を「おおびる」という。

11 ぶどう

12 みょうが 食べると忘れっぽくなるという俗説もある。

13 れもん 梶井基次郎に『檸檬』という作品がある。

14 れんこん

10 いろいろな色、どう読む？

◆次の語はすべて色の名前です。なんと読むでしょう。

1 **黄土色**…黄色がかった茶色
2 **群青色**…鮮やかな青
3 **茜色**…やや沈んだ赤
4 **深紅**…濃い紅色。真っ赤
5 **茄子紺**…暗い紫色
6 **琥珀色**…赤みを帯びた黄色

【解答と解説】
1 おうどいろ
2 ぐんじょういろ
3 あかねいろ　茜の根で染めた色。
4 しんく　茜染めの色に対して、正真正銘の紅色のことをいう。
5 なすこん
6 こはくいろ

7 **浅葱色**…薄いネギの葉の色

8 **漆黒**…光沢のある黒

9 **鬱金色**…深みのある黄色

10 **臙脂色**…黒みを帯びた赤

11 **鈍色**…濃いねずみ色

12 **縹色**…薄い藍色

13 **緋色**…濃く明るい朱色

14 **瑠璃色**…紫がかった深い青

---

7 あさぎいろ 「浅黄色」は当て字。江戸時代には田舎武士をあざけって「浅葱裏」とも呼んだ。

8 しっこく 「漆黒の闇」などと使う。

9 うこんいろ

10 えんじいろ 中国古代の紅に由来。

11 にびいろ 昔の喪服には、この色が使われた。

12 はなだいろ

13 ひいろ

14 るりいろ 瑠璃は七宝の一つ。

11 花や木も、こんな漢字になるのです

◆次の語はすべて植物の名前です。なんと読むでしょう。

1 **向日葵**…夏に黄色い花が咲く

2 **牡丹**…立てばシャクヤク

3 **百合**…歩く姿は

4 **桔梗**…秋の七草の一つ

5 **秋桜**…白やピンクの秋の花

6 **銀杏**（木）…秋に葉が黄色く色づく

【解答と解説】

1 ひまわり　常に太陽のほうに向いていることから。

2 ぼたん　五月頃に白や紅色の大型の花を咲かせる。

3 ゆり

4 ききょう

5 コスモス　「あきざくら」とも読む。

6 いちょう

7 銀杏（実）…秋の味覚

8 八重桜…開花は遅め

9 菫…春に濃い紫の花をつける

10 紫陽花…梅雨どきの彩り

11 薄の穂…お月見に飾りたい

12 沈丁花…香りの強い白い花

13 撫子…〜ジャパン

14 彼岸花…秋の彼岸の頃に咲く

---

7 ぎんなん　木と実で読み方が違うことに注意。

8 やえざくら

9 すみれ

10 あじさい　「しようか」と読むのも誤りではない。

11 すすきのほ

12 じんちょうげ　「ちんちょうげ」とも読む。

13 なでしこ

14 ひがんばな　「曼珠沙華〈まんじゅしゃげ〉」とも呼ばれる。

◆次は一筋縄ではいかない植物の名前です。なんと読むか、語群の中から選んでください。

1 **無花果**…甘い果実をつける
2 **蒲公英**…白い綿毛がふわふわ
3 **女郎花**…秋の七草の一つ
4 **百日紅**…猿も上れない？
5 **勿忘草**…私を覚えていてね
6 **仙人掌**…トゲトゲの葉
7 **万年青**…ユリ科の多年草

【解答と解説】

1 いちじく　外から花が見えないため、この名がついた。
2 たんぽぽ
3 おみなえし
4 さるすべり　樹皮がなめらかなことから、この名がついた。
5 わすれなぐさ
6 サボテン　「せんにんしょう」と読むこともある。
7 おもと　年中青いことから。

8 **石榴**…秋に球形の果実をつける

9 **糸瓜**…実はタワシにも

10 **石楠花**…初夏に淡紅色の花が咲く

11 **山茶花**…〜咲いた道

12 **落葉松**…「唐松」とも書く

13 **杜若**…いずれアヤメか〜

【語群】へちま・たんぽぽ・おみなえし・ざくろ・しゃくなげ・いちじく・かきつばた・わすれなぐさ・さざんか・さるすべり・からまつ・おもと・サボテン

---

8 ざくろ

9 へちま

10 しゃくなげ

11 さざんか　晩秋から冬にかけ、白色や紅色の花をつける。

12 からまつ　富士山に多いことから、「ふじまつ」ともいう。

13 かきつばた　「燕子花」と書くこともある。

12 体と病気にまつわる語はややこしい

◆次の語は体のある部分を示しています。なんと読むでしょう。

1 **睫**…～エクステ
2 **眦**…目尻
3 **瞼**…ご存じ『瞼の母』
4 **項**…えりくび
5 **頸**…顔の下
6 **腋**…汗が気になる

【解答と解説】

1 まつげ 「睫毛」とも書く。
2 まなじり
3 まぶた
4 うなじ
5 くび 首と同じ。「刎頸〈ふんけい〉の友」とは、一緒に首をはねられても後悔しないほど親しい友人のこと。
6 わき

7 臍…お腹の中央にある

8 鳩尾…胸骨の下にある急所

9 臀…~モチをつく

10 腕…「うで」だが、相撲では？

11 踵…足の後部

12 踝…足首の骨が出ているところ

---

7 へそ・ほぞ

8 みぞおち

9 しり 「尻」とも書く。

10 かいな

11 かかと・きびす 「踵〈きびす〉を返す」といえばあと へ引き返すこと。

12 くるぶし

◆次は体や病気にまつわる言葉です。なんと読むでしょう。

1 **痣**…皮膚が赤紫色に

2 **鼾**…睡眠中に発する

3 **垢**…皮膚の表面につく汚れ

4 **歯垢**…歯の表面につく汚れ

5 **脚気**…ビタミンB_1の不足による

6 **麻疹**…子どもに多い急性伝染病

7 **風疹**…「三日麻疹」ともいう

8 **雀斑**…顔に現れる茶色の斑点

【解答と解説】

1 あざ

2 いびき

3 あか 「長年の垢を落とす」など、比喩的に組織の旧弊や心理的な停滞感もさす。

4 しこう

5 かっけ 足がしびれたり、むくんだりする。

6 はしか 「ましん」とも。

7 ふうしん

8 そばかす 雀の羽毛の模様に似ていることから。

9 **腋臭**…「腋」が「臭う」

10 **汗疹**…赤ちゃんに多い皮膚病

11 **転た寝**…いつの間にやら

12 **痘痕**…天然痘が治ったあと

13 **創傷**…刃物などで体に受けた傷

14 **反っ歯**…出っ歯

15 **鮫肌**…ざらざらした肌

16 **溢血**…脳～

---

9 わきが

10 あせも

11 うたたね　寝ようとしていない状態で思わず寝てしまうこと。

12 あばた「痘痕もえくぼ」は、愛しい人のことなら、欠点さえよく見えるという意味。

13 そうしょう

14 そっぱ

15 さめはだ

16 いっけつ　体の組織の中で出血すること。

13 正しく読めると自信がつく慣用句

◆次の慣用句の読みを、左のヒントをもとに答えてください。

1 話に**尾鰭**がつく
↓誇張される

2 **固唾**をのむ
↓目を凝らして見守る

3 戦いの**火蓋**を切る
↓戦いを始める

4 **世知辛い**世の中
↓面倒で打算的な世の中

【解答と解説】

1 おひれ

2 かたず　—をのんでなりゆきを見守った。

3 ひぶた　火縄銃の火薬を詰める部分を覆うふたのこと。そこを開き点火することを「火蓋を切る」という。

4 せちがらい　暮らしにくい、住みづらいといった意味も。

5 **畢生**の大作
↓一生涯の

6 **雨後**の筍
↓次々と出てくるもの

7 **兜**を脱ぐ
↓降参する

8 **癪**にさわる
↓腹が立つ

9 **法螺**を吹く
↓壮大なウソをつく

---

5 ひっせい 「畢」は終わりの意。

6 うご

7 かぶと 彼の努力には、私も—を脱いだ。

8 しゃく 癪はさしこみのこと。

9 ほら 「法螺貝」は見た目以上に大きな音が鳴り、そこから予想外に大儲けをすることを「ほら」というようになり、さらに大げさなことをいうことを、こう表するようになった。あいつはまた—を吹いているよ。

14 多くの人が誤読する要注意の言葉

◆次に示した読み方はよくある間違いです。正しい読み方に直してください。

1 **幕間**……×まくま
2 **投網**……×とうもう
3 **門戸**……×もんと
4 **功徳**……×こうとく
5 **御利益**……×ごりえき
6 **川面**……×かわめん

【解答と解説】

1 まくあい　芝居などで一幕終わったあとの休憩時間。
2 とあみ
3 もんこ
4 くどく　先々に幸福をもたらすようなよい行い。
5 ごりやく
6 かわも

7 **仲違い**……×なかちがい

8 **一日の長**……×いちにちのちょう

9 **一矢を報いる**……×いちやをむくいる

10 **二言はない**……×にげんはない

11 **二男二女**……×じなんじじょ

12 **医は仁術**……×いはにんじゅつ

13 **八百万の神**……×はっぴゃくまんのかみ

14 **一角の人物**……×いっかくのじんぶつ

---

7 なかたがい

8 いちじつのちょう　ほかの人より少しだけ知識や経験がまさっている。

9 いっしをむくいる　相手の攻撃に対して少しでも反撃する。

10 にごんはない　一度言ったことは改めない。武士に――。

11 になんにじょ

12 いはじんじゅつ　「医は人命を救う博愛の道である」ことを意味する語。

13 やおよろずのかみ

14 ひとかどのじんぶつ

◆次の四字熟語の読みは間違っている部分があります。正しい読み方に直してください。

1　**物見遊山**……×ものみゆうざん
2　**言語道断**……×げんごどうだん
3　**三位一体**……×さんいいったい
4　**千変万化**……×せんぺんばんげ
5　**傍若無人**……×ぼうじゃくむじん
6　**有象無象**……×ゆうぞうむぞう
7　**一言居士**……×いちごんきょじ

【解答と解説】
1　ものみゆさん
2　ごんごどうだん　もってのほか。
3　さんみいったい
4　せんぺんばんか
5　ぼうじゃくぶじん　まわりに構わず、勝手にふるまう。
6　うぞうむぞう
7　いちげんこじ　必ずひと言言わずにいられない人。

8 上意下達……×じょういげたつ

9 悪口雑言……×あっこうぞうげん

10 乾坤一擲……×かんこんいってき

11 千差万別……×せんさまんべつ

12 頭寒足熱……×とうかんそくねつ

13 画竜点睛……×がりゅうてんせい

14 三拝九拝……×さんはいきゅうはい

15 手練手管……×しゅれんてくだ

---

8 じょういかたつ　上の者の命令を、下の者に徹底させる。

9 あっこうぞうごん

10 けんこんいってき　運命をかけて大勝負に出ること。

11 せんさばんべつ　さまざまに変わっていること。

12 ずかんそくねつ

13 がりょうてんせい　最後の重要な仕上げ。

14 さんぱいきゅうはい　何度も頭を下げること。

15 てれんてくだ　人を思いどおりにする技術。

15 知らなきゃお手上げ！ 特殊な読みの四字熟語

◆次の太字部分の読み方は間違っています。正しく直してください。

1 **素人**とは思えない……×そにん
2 **玄人**はだし……×げんじん
3 **流石**に無理だ……×ながれいし
4 祭りの**山車**……×やまぐるま
5 学者**気質**……×きしつ
6 **欠伸**をする……×けっしん

【解答と解説】
1 しろうと
2 くろうと
3 さすが
4 だし　華やかに飾った祭事用の車。
5 かたぎ　身分・職業などによる特有の気質。
6 あくび

7 **自棄**になる……×じき
8 **黄昏**どき……×おうこん
9 **悪阻**がひどい……×あくそ
10 **似非**文化人……×にせ
11 **松明**をともす……×まつあかり
12 **灰汁**をすくう……×はいじる
13 **反吐**が出る……×はんと
14 **胡座**をかく……×こざ

---

7 やけ　「自暴自棄」は「じぼうじき」と読む。
8 たそがれ　夕方。物事の終わり際という意味の比喩にも使う。
9 つわり
10 えせ　「似て非なる」もののこと。
11 たいまつ
12 あく　料理では、肉や野菜の調理で出る不純物のこと。
13 へど　食べたものを吐き戻すこと。権力を振りかざす人間を見ると――。
14 あぐら

16 予め、凡そ…読めそうで読めない副詞

◆次の太字部分の読み方を答えてください。

1 **一寸**そこまで。

2 **予め**ご了承ください。

3 国際競争は**漸次**激しさを増した。

4 **奇しくも**、同じ小学校の出身だった。

5 結果を**逸早く**知る。

6 **生憎**出かけておりまして。

【解答と解説】

1 ちょっと 「一寸先は闇〈やみ〉」という慣用句では「いっすん」と読む。

2 あらかじめ

3 ぜんじ だんだんと。

4 くしくも ふしぎなことに。

5 いちはやく

6 あいにく 都合悪く。

7 **凡そ**5分で到着します。

8 集会には**挙って**ご参加ください。

9 **予て**より志望していた学校に合格した。

10 **漸く**春めいてきた。

11 **暫く**お待ちください。

12 **益々**のご発展をお祈りします。

13 腕には**些か**覚えがある。

14 その薬の効果は**甚だ**疑問だ。

---

7 およそ

8 こぞって　残らず全部。

9 かねて　かなり前からずっと、という意味。

10 ようやく　だんだんと。「漸くたどり着いた」というときは「やっと」の意。

11 しばらく

12 ますます

13 いささか　ちょっと。

14 はなはだ　非常に。「甚だ以〈もっ〉て」は甚だを強めた表現。

日常会話で頻出の言葉を漢字にすると？

◆次の太字部分の読み方を答えてください。

1 **狡猾**に立ち回る。

2 彼はちょっと**粗忽**だ。

3 **不躾**な質問で恐縮ですが。

4 彼の意見は**総花的**だ。

5 この話は**眉唾**ものだね。

6 **放埓**な暮らしぶり。

【解答と解説】

1 こうかつ　ずる賢いこと。

2 そこつ　そそっかしいこと。

3 ぶしつけ　失礼なこと。

4 そうばなてき　どんな人にも都合よくすること。

5 まゆつば

6 ほうらつ　気ままにふるまうこと。「ほうらち」と読まないように。

7 **瑣末**なことにこだわるな。

8 彼の**悪食**にはあきれるよ。

9 人を**虚仮**にする。

10 友人に**言伝**を頼んだ。

11 友人に**伝言**を頼んだ。

12 あの人は業界の**古強者**だよ。

13 勢いに押されて**口籠る**。

14 新しい店を**目敏く**見つける。

---

7 さまつ　取るに足りない些細なこと。

8 あくじき　ゲテモノ食いのこと。「あくしょく」はよくある間違い。

9 こけ

10 ことづて

11 でんごん　「伝言」は音読み、「言伝」は訓読み。

12 ふるつわもの　本来は多くの実戦を積んだ老練の武士。そこから、多くの経験を積み事情に通じた人のこと。

13 くちごもる

14 めざとく

15 **懐手**で儲けた。

16 コンビニで**屯**する若者。

17 彼は**堅物**で知られている。

18 いかにも**茫洋**とした人物だ。

19 彼女は**華奢**な体つきをしている。

20 手柄を**吹聴**する。

21 **茶話会**を開く。

22 **帳尻**を合わせる。

---

15 ふところで　人に任せて自分では何もしないこと。

16 たむろ

17 かたぶつ

18 ぼうよう　広々として見当がつかない様子。

19 きゃしゃ

20 ふいちょう　広く言いふらすこと。「すいちょう」と読まないように。

21 さわかい　ティーパーティのこと。「ちゃわかい」とも読む。

22 ちょうじり　「帳」は音読み、「尻」は訓読み。

23 **呂律**が回らない。

24 **矢継ぎ早**に質問する。

25 関係を**仄めかす**。

26 **横車**を押す。

27 責任者を**指弾**する。

---

23 ろれつ　「律」に「りち」「りつ」の音はあるが「れつ」はなく、読みは特例。

24 やつぎばや

25 ほのめかす

26 よこぐるま　道理に合わないことを無理やりすること。

27 しだん　指で弾く、つまりつまはじきと同じで非難するという意味。

18 なじみの魚介類も漢字はムズカシイ

◆これらは魚偏がつく魚の名前です。なんと読むか語群の中から選んでください。ただし、語群には使わない語も含まれています。

1 鯵…干物でもおなじみ
2 鰯…カタクチ〜
3 鰹…初〜、戻り〜
4 鮪…すし屋の定番ネタ
5 鮭…おにぎりの具の定番
6 鯛…お祝いの席に

【解答と解説】
1 あじ
2 いわし
3 かつお　初鰹は江戸時代、初夏の味覚として人気があった。
4 まぐろ
5 さけ
6 たい

7 鰤…代表的な出世魚

8 鯉…観賞用もある

9 鮎…姿の美しい川魚

10 鰈…目は左右どっち?

11 鱈…鍋料理は定番

12 鰻…土用の丑の日

【語群】ぶり・いわし・さば・まぐろ・たい・さわら・きす・あゆ・うなぎ・たら・さけ・なまず・にしん・かれい・こい・ます・あじ・かつお・ひらめ

---

7 ぶり　成長に合わせてワカシ・イナダ・ワラサ(東京地方)、またはツバス・ハマチ・メジロ(大阪地方)と呼び名が変わる。

8 こい

9 あゆ　「年魚」や「香魚」とも書く。

10 かれい　通常、目は体の右側に集まる。ヒラメは左側。

11 たら

12 うなぎ

◆次は魚介類の名前です。なんと読むか語群の中から選んでください。ただし、語群には使わない語も含まれています。

1 **穴子**…体が長い
2 **牡蠣**…生もフライも
3 **蟹**…ミソも美味
4 **蜆**…みそ汁でおなじみ
5 **雲丹**…とげが鋭い
6 **河豚**…てっちりといえば
7 **烏賊**…足は10本

【解答と解説】
1 あなご
2 かき　美味で栄養たっぷりの身をもつ二枚貝。
3 かに
4 しじみ
5 うに　身が「雲」のような形で、「赤（＝丹）」いことから、こう書く。
6 ふぐ　美味だが猛毒をもつ。
7 いか

8 **海鼠**…このわたは日本三大珍味
9 **栄螺**…つぼ焼き
10 **公魚**…氷の上で釣る
11 **岩魚**…渓流釣りの代表
12 **山女**…美味な川魚
13 **水母**…海中をふわふわ
14 **太刀魚**…体が太刀のよう

【語群】かわはぎ・いか・たちうお・さざえ・かじき・うに・あなご・なまこ・やまめ・ししゃも・わかさぎ・いわな・しじみ・くらげ・ふぐ・おこぜ・かき・かに

---

8 なまこ 『古事記』にすでに「海鼠」の名称は使われていた。
9 さざえ
10 わかさぎ 俳句では春の季語。
11 いわな
12 やまめ 「山女魚」とも書く。
13 くらげ 「海月」とも書く。
14 たちうお

菓子、肥満、大酒…ユニークな名字――漢字おもしろ雑学❸

「油」「飴」「菓子」「米」「魚」「酒」「豆腐」。これらがなんだかわかりますか？もちろん食べ物なのですが、じつは名字でもあるのです。こんなふうに意味を勘違いしそうなユニークな名字が、日本には数多く存在します。

たとえば、「張替（はりがえ）」さんは壁紙の張り替え業者に間違われたり、「昼間（ひるま）」医院は夜間診療を行っていないと思われたり……。

人となりを連想させる名字では、「異相（いそう）」「兀山（はげやま）」「白毛（しらげ）」「鼻毛」「般若」「肥満」など。名は体を表すとはいえ、容姿を誤解されそうです。

また、「大酒（おおざけ）」さんや「和食（わじき）」さんは、本人の嗜好（しこう）とは関係なく飲ん兵衛や和食好きに思われがちです。

それから、漢字だけを見ると、ちょっとドキッとしてしまうのが「浮気」さん。恋多き人物かどうかは別として、読み方は「うわき」よりも「ふけ」「うき」のほうが多いようです。

同じ「ふけ」さんの中には「富家」と書く人もいて、こちらはお金持ちになれそうな縁起のよい名字に見えますね。

6章●書き・上級編

ここまでくると日本語力も試される

1 ここからが本番。書けるか腕試し！

◆次のカタカナを、送りがなまで含めて漢字にしてください。

1　**イテツク**ような寒さだ。

2　彼の質問は**マトハズレ**だ。

3　**ナメラカ**な肌をしている。

4　**ココロニクイ**演出だ。

【解答と解説】

1　凍てつく　漢字のとおり、こおりつくこと。

2　的外れ　大事な点をはずしていること。見当違い。

3　滑らか　ものの表面がすべすべしていること。事がすらすらと進むさま。

4　心憎い　憎らしくなるくらい見事だという意味。

◆次のカタカナを漢字にしてください。

1 彼の発言は**ヨウニン**しがたい。

2 その絵画に**カンキョウ**がわいた。

3 作品を**シンサ**する。

4 **カクチョウ**が高い文章。

5 ようやく**ネンキ**が明ける。

【解答と解説】

1 容認

2 感興　興味を感じること。

3 審査

4 格調　詩歌の格（＝体裁）と調子。「格調が高い」というほめ言葉は、現在では文章や演説にも使う。

5 年季　奉公人を雇うとき契約した勤めの期間。「年季を入れる」といえば、長い間修練を積んで仕事に熟練する意味。

◆□の中に正しい漢字を（　）から選んで入れてください。

1　論□明快（使・指・旨・伺）
2　粉□決算（色・飾・食・触）
3　熟慮□行（断・弾・談・旦）
4　奇想□外（点・天・展・典）
5　面目□如（役・訳・厄・躍）
6　百□夜行（忌・危・鬼・己）
7　起死□生（快・回・会・改）

【解答と解説】
1　旨〈ろんしめいかい〉
2　飾〈ふんしょくけっさん〉
3　断〈じゅくりょだんこう〉考え抜いたうえで思い切って実行すること。
4　天〈きそうてんがい〉
5　躍〈めんもくやくじょ〉
6　鬼〈ひゃっきやこう〉
7　回〈きしかいせい〉危機にあるものを蘇らせること。

◆「食」にまつわる慣用句です。□の中に正しい漢字を入れてください。

1 □二つ。↓顔形がそっくりなこと
2 □を洗う。↓大勢人が集まって混雑する
3 同じ□の飯を食う。↓苦楽を共にした仲間
4 □□のつま。↓単なる添え物でそれ自体には価値がない
5 □□をする。↓相手の機嫌をとり、おもねる
6 □□を立てる。↓非常に怒っているさま
7 □□をつける。↓失敗して恥をかく

【解答と解説】

1 瓜　(例：以下同) 母と娘は―二つだ。
2 芋　会場は―を洗うようだったよ。
3 釜
4 刺身　どうせ僕は―のつまさ。
5 胡麻　部長に―をする。
6 湯気
7 味噌

2 見落としがちな「そっくり漢字」を探せ

◆次の文章には漢字の誤りがあります。間違っている箇所に傍線を引いて正しい漢字を書いてください。

1 派遣社員の導入を検討する。
2 年功序列を徹廃する。
3 幣社におきましては……。
4 アドバイスを真撃に受けとめる。

【解答と解説】

1 ×派遺→○派遣
2 ×徹廃→○撤廃　それまで行われてきた制度や法規などを廃止すること。
3 ×幣社→○弊社　「幣」はお金を意味する。
4 ×真撃→○真摯　まじめでひたむきなこと。

5 完璧な仕上がりだ。

6 潜越ながら……。

7 後輩に喝を入れる。

---

5 ×完璧→○完璧

6 ×潜越→○僭越　自分の地位や身分を越えて、出すぎたことをする。

7 ×喝→○活　「活を入れる」はやる気や元気のない人に気力を起こさせること。

8 気嫌が悪い。

9 不況から脱脚する。

10 人間、辛包が大事だ。

11 彼は律儀な男だ。

12 戦争で市街が廃虚と化す。

---

8 ×気嫌→○機嫌　もとは仏教語で「譏嫌」と書いて世間の人々が嫌うことをさしていた。

9 ×脱脚→○脱却　「却」は退ける、もとへ戻すという意味。

10 ×辛包→○辛抱　つらいことや苦しいことをこらえしのぶこと。

11 ×律儀→○律義

12 ×廃虚→○廃墟　「墟」は昔あったものがなくなったあと。

13 出張を急拠とりやめる。

14 すっかり委縮している。

15 魚貝類を食べる。

16 問題を矯小化する。

17 これはお買徳です。

---

13 ×急拠→○急遽　あわただしく事を行うさま。急いで。

14 ×委縮→○萎縮　元気がなく縮こまった様子。しなびて小さくなること。

15 ×魚貝類→○魚介類　魚と貝で魚介。

16 ×矯小→○矮小　丈が低く形の小さいこと。転じて、つまらないこと、価値の低いこと。

17 ×買徳→○買得

3 できる大人が口にする「体」の慣用句

◆次の□にはすべて体の部位が入ります。語群から当てはまる漢字を選び、慣用句を完成させましょう。ただし使わない語も含まれています。

1 □に疵（きず）もつ。→悪事を働いた過去がある

2 □を噛（か）む。→後悔すること

3 □鼓を打つ。→美味なものを食べたときに

4 怒□天を衝（つ）く。→激しく怒る

5 □に掛ける。→各地を歩き回る

【解答と解説】

1 脛　かくいう私も―に疵をもつ身です。

2 臍〈ほぞ〉　彼は―を噛んだが、後の祭りだった。

3 舌　シェフの贅〈ぜい〉を尽くした料理に―鼓を打つ。

4 髪

5 股

6 □を叩く。↓やる気を起こすように励ます

7 □をそろえる。↓支払うお金をすべて用意する

8 □息を窺（うかが）う。↓相手に気に入られるようにする。

9 詰め□を切らせる。↓強引に責任を負わせる

10 □鉄を食う。↓強くはねつけられる

11 □を振る。↓認めないこと

12 □が煮え繰り返る。↓腹が立ってしかたがない

【語群】踵・耳・髪・脛・顔・股・尻・鼻・舌・腹・腸・頭・臍・肘

---

6 尻

7 耳 —をそろえてお返しします。

8 鼻 上司の—息を窺った。

9 腹 課長はチーフに詰め—を切らせて、ことを納めた。

10 肘

11 頭〈かぶり〉

12 腸〈はらわた〉 彼らのやり口に—が煮え繰り返る思いだ。

4 ひらがなは同じ。でも漢字にすると…

◆次の□□内に、文章に最も合う語を語群から選び、漢字で書いてください。語群の語は何度使ってもかまいません。

1 これは会社の□□命令だ。

2 □□な成績で卒業する。

3 乗り越し運賃の□□をする。

4 学問の□□をやめない。

5 仕事の□□を問われる。

【解答と解説】

1 至上　最高。「至上命令」は従わなければならない命令。

2 優秀

3 精算　金額などを細かく計算すること。

4 追究　学問などをきわめる。

5 成果

6 □□豊かなメロディ。

7 □□の美を飾る。

8 新車の□□会を開催する。

9 今までの借金をすべて□□する。

10 □□を捨てて協力する。

11 校舎の増築工事の□□が間近だ。

12 彼は事業家として□□を高めた。

【語群】 せいさん・ついきゅう・せいか・しじょう・きこう・ゆうしゅう

---

6 詩情　詩的なおもむき。

7 有終　「有終の美を飾る」は最後までやり遂げ、成果を残すこと。

8 試乗

9 清算　貸し借りなどの結末をつけること。

10 私情

11 起工　着工。

12 声価　評判。名声。

5 決まり文句を勝手に変えてはいけません

◆次の□を埋めて、決まり文句を完成させてください。

1 快哉（かいさい）を□□→愉快だと思う

2 水泡（すいほう）に□□→無駄になる

3 常軌（じょうき）を□□□→常識からはずれる

4 灰燼（かいじん）に□□□→焼けて灰になる

5 有卦（うけ）に□□→幸運が巡ってくる

6 苦汁（くじゅう）を□□□→苦い経験をする

【解答と解説】

1 叫ぶ

2 帰す　読み方は「きす」。これまでの努力が水泡に―した。

3 逸する

4 帰する

5 入る　読み方は「いる」。

6 嘗〈な〉める　あいつには苦汁を―させられた。

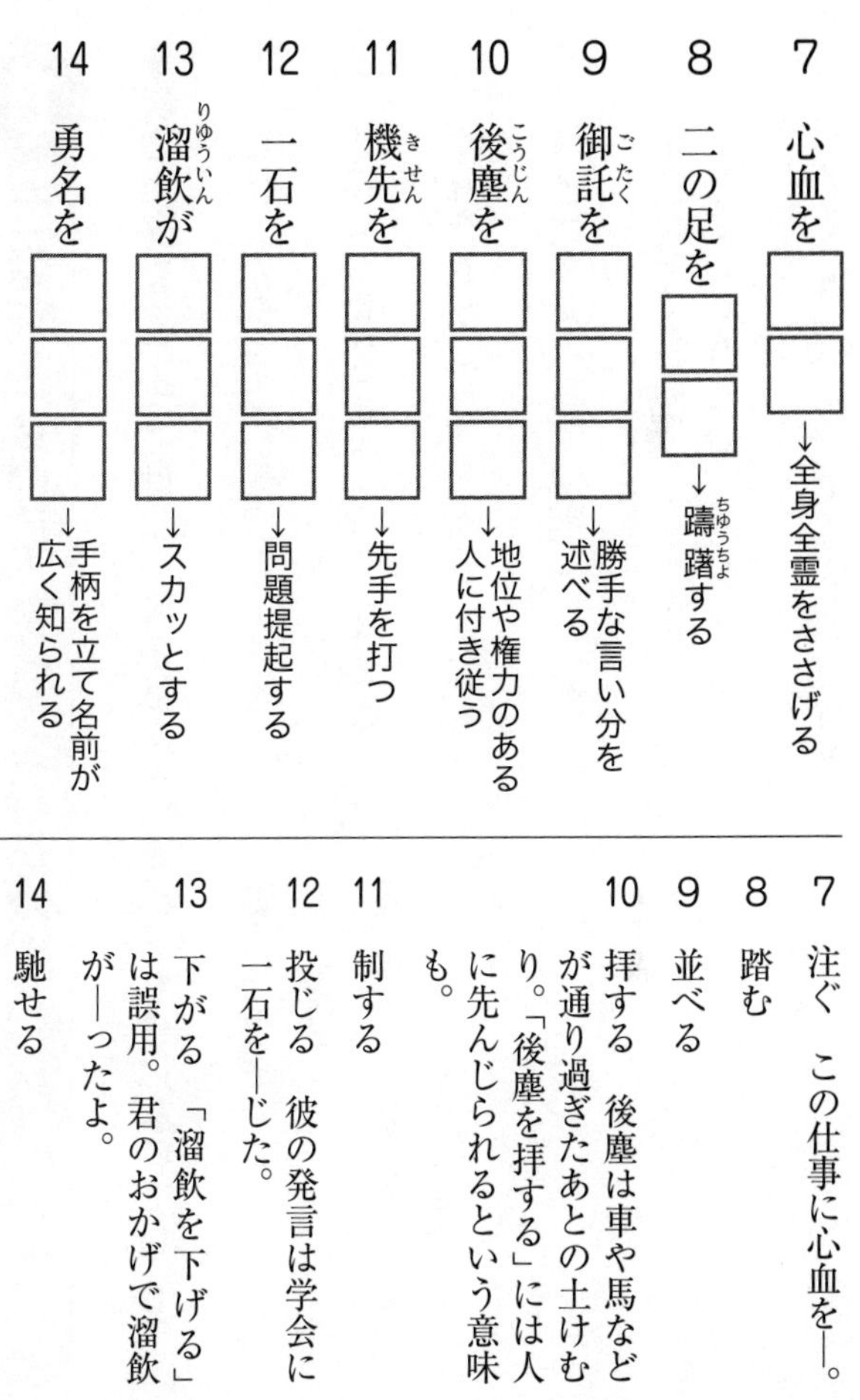

7 心血を□□↓全身全霊をささげる

8 二の足を□□↓躊躇（ちゅうちょ）する

9 御託（ごたく）を□□□↓勝手な言い分を述べる

10 後塵（こうじん）を□□□↓地位や権力のある人に付き従う

11 機先（きせん）を□□□↓先手を打つ

12 一石を□□□↓問題提起する

13 溜飲（りゅういん）が□□□↓スカッとする

14 勇名を□□□↓手柄を立て名前が広く知られる

---

7 注ぐ　この仕事に心血を―。

8 踏む

9 並べる

10 拝する　後塵は車や馬などが通り過ぎたあとの土けむり。「後塵を拝する」には人に先んじられるという意味も。

11 制する

12 投じる　彼の発言は学会に一石を―じた。

13 下がる　「溜飲を下げる」は誤用。君のおかげで溜飲が―ったよ。

14 馳せる

6 二者択一なのに、意外と迷う漢字

◆次のカタカナに当てはまる漢字は（　）内のどちらになるでしょう。

1　お寺の**オショウ**（和尚・小尚）さん。

2　そんなに**ヒゲ**（否下・卑下）するなよ。

3　厚意を**ムゲ**（無下・無碍）にする。

4　彼は**コンスイ**（昏睡・混睡）状態に陥った。

5　正社員でも**アンノン**（安音・安穏）としていられない。

6　けんかを**チュウサイ**（仲栽・仲裁）する。

【解答と解説】

1　和尚

2　卑下　自分を劣ったものとして、へりくだること。

3　無下　「無下にする」は無駄にすること。

4　昏睡

5　安穏　ゆったりしていておだやかなさま。

6　仲裁

7 **エンジュク**（円塾・円熟）した演技。

8 米中の**ミツゲツ**（蜜月・密月）時代。

9 近頃**コウカン**（港間・巷間）で騒がれている噂。

10 時間がないので**カツアイ**（割愛・割合）します。

11 契約書に**タダシガキ**（但書・旦書）をつける。

12 会社でも節水を**レイコウ**（礼行・励行）します。

13 非難の**ヤオモテ**（矢面・矢表）に立つ。

---

7 円熟　技や演技などがますます磨かれ、深い味わいがあること。

8 蜜月　ハネムーン。親密な関係も表す。

9 巷間　世間のこと。

10 割愛　この「愛」は惜しいという意味で、思い切って省略すること。

11 但書　前の文章を受けて、説明や条件を書き添えたもの。

12 励行　一生懸命行うこと。

13 矢面

◆次のカタカナを漢字に直してください。

1　国民を裏切る**ハイトク**行為だ。

2　**ウオガシ**へ仕入れに行く。

3　一か八かの大**バクチ**に出る。

4　君と争うことは**ホンモウ**ではない。

5　窓を割ったのは誰の**シワザ**か。

【解答と解説】

1　背徳　守り従うべき道徳にそむくこと。

2　魚河岸　「河岸」だけなら「かし」と濁〈にご〉らないで読む。

3　博打

4　本望　もともと抱いていた望み。

5　仕業　人の行い、ふるまい。実際にした行為のこと。

6 彼らは**インボウ**をめぐらせた。

7 あいつは悪の**ゴンゲ**だよ。

8 とても**ケナゲ**な少年だ。

9 彼の発音は**メイリョウ**だ。

10 作品を**タンネン**に仕上げる。

---

6 陰謀　「謀」ははかりごとという意味。

7 権化　本来は神仏が権〈かり〉に姿を変えて現れること。

8 健気　心がけが殊勝〈しゅしょう〉なさま。年少者や力の弱い者ががいがいしくふるまうさま。

9 明瞭　はっきりして明らかなさま。あいまいな点がないこと。

10 丹念　細かいところまで心をこめて扱うこと。

7 人やものを批評するときによく使う表現

◆次のカタカナを漢字に直してください。

1 あの人は**ドクゼツ**家だ。

2 この**ゲス**野郎！

3 あまりに**グチョク**な男で困るよ。

4 **ブサイク**なできばえ。

【解答と解説】

1 毒舌

2 下衆　身分の低い者。今は人を侮辱するときに使われる。

3 愚直　ばか正直で気がきかないこと。

4 不細工　物を作ったり仕事をしたりするのが下手なこと。容姿が整っていないという意味でも使われる。

5 **カイショウ**のない亭主で。

6 あなったたら、**イクジ**なしね。

7 **タカビシャ**な態度に出る。

8 よくやった。**アッパレ**だ。

---

5 甲斐性　働きがあって頼りがいがあること。―がない人はあてにできない。

6 意気地　物事をやり通そうという気持ち。人に負けまいとする気力。

7 高飛車

8 天晴れ　驚くほど見事な様子。または人の行為をほめたたえるときに使う。

8 書ければ感情もしっかり伝わる？

◆次のカタカナを送りがなまで含めて漢字に直してください。

1 **カンキワマッテ**泣き出した。

2 ほめられて**ウチョウテン**になる。

3 服を買った姉は**ゴマンエツ**だった。

4 美しさに**タメイキ**をもらす。

【解答と解説】

1 感極まって

2 有頂天　喜びで気分が舞い上がること。仏教語で、形ある世界の最高位にある天を表す。

3 御満悦　満ち足りた気分になって喜ぶこと。

4 溜息

5 予定が遅れて**ショウソウ**に駆られる。

6 ここで諦めるのも**ゴウハラ**だ。

7 温和な部長が珍しく**ケシキバンダ**。

8 **ダンチョウ**の思いで決断した。

9 相手に**ケゲン**な顔をされた。

---

5 焦燥　思うようにいかなくて、あせっていらいらすること。

6 業腹　いまいましい。

7 気色ばんだ　怒っている様子が顔に出るさま。

8 断腸　きわめて悲しい、また苦しいこと。原義ははらわたがちぎれる意。

9 怪訝　不思議に思い、何か変だと感じるさま。

9 知的に聞こえる対義語・類義語

◆次の熟語の対義語はなんでしょう。語群から「読み」を選んで漢字に直してください。

1 軽薄 ↕ □厚
2 高価 ↕ □価
3 富貴 ↕ □賎
4 漸進的 ↕ □進的
5 雌伏(しふく) ↕ 雄□

【語群】きゅう・れん・じゅう・ひん・ひ

【解答と解説】
1 重厚
2 廉価〈れんか〉
3 貧賎〈ひんせん〉「富貴」は金持ちで身分が高いこと。
4 急進的 「漸進的」は少しずつ進歩していくこと。
5 雄飛〈ゆうひ〉

◆次の熟語の類義語はなんでしょう。語群から「読み」を選んで漢字に直してください。

1 迎合 ― □従
2 博学 ― 博□
3 了解 ― 承□
4 風説 ― 風□
5 豊富 ― □沢
6 氾濫 ― □行

【語群】じゅん・ち・つい・おう・ひょう・しき

【解答と解説】

1 追従〈ついしょう〉
2 博識 広い知識をもっていること。
3 承知
4 風評 世間の噂。
5 潤沢〈じゅんたく〉
6 横行 好ましくないものがあふれること。

10 慣用句・ことわざ、正しく覚えていますか？

◆傍線部の漢字は間違っています。正しい漢字に直してください。

1 濡れ手で**泡**↓労せずして利益を得る

2 **渦中**の栗を拾う↓他人のためにあえて危険を冒す

3 的を**得る**↓要点をしっかりとらえる

4 袖振り合うも**多少**の縁↓何事も前世からの因縁による

【解答と解説】

1 粟　濡れた手で粟をつかむと、たくさんの粟がついてくることから。

2 火中

3 射る　的を―た発言だ。

4 多生　多生は何度も生まれ変わること。

5 **晴天**の霹靂（へきれき）↓突然起こる衝撃的なこと

6 **家宝**は寝て待て↓焦らずに時機を待て

7 恩を**徒**で返す↓恩を受けた相手に迷惑をかける

8 けがの**巧妙**↓失敗がよい結果を生む

9 **孫**にも衣装↓身なりが整っていれば誰でも立派に見える

---

5 青天　「晴れ渡った青空に突然起きた雷」の意。

6 果報　果報は運のよいこと。仏教で前世の行いによって生じる報いのこと。

7 仇　恨みに思って仕返しをすること。

8 功名　功名は手柄を立てて名を挙げること。

9 馬子　馬子は馬を引いて人や荷物を運ぶ人。

◆次の□には動物の名前が入ります。どんな動物でしょう。

1 □穴に入らずんば□子を得ず
2 □の面(つら)に水
3 藪(やぶ)をつついて□を出す
4 取らぬ□の皮算用
5 二□を追う者は一□をも得ず
6 能ある□は爪を隠す
7 前門の□後門の□

---

1 虎・虎　危険を冒さなければ成功はない。
2 蛙　どんな仕打ちをされても平気でいること。
3 蛇　余計なことをしてひどい目に遭うこと。
4 狸　手に入れていないものに期待して計画を立てる。
5 兎・兎　同時に二つのことをして、両方とも失う。
6 鷹　本当に実力がある人は謙虚である。
7 虎・狼　次々と災難が襲ってくること。

7章●読み・免許皆伝編

知性派を目指すならぜひともマスターしたい

1 これが読めたら漢検も楽勝?!

◆次の漢字の読み方を答えてください。

1 世間の**柵**を断ち切る。
2 **雹**が降ってきた。
3 **霰**が降ってきた。
4 箱が**歪**になった。
5 世にも**希**な出来事。
6 たびたび**郭**に通う。

【解答と解説】

1 しがらみ　川の水流を遮る柵〈さく〉。転じて、まつわりついて束縛するもの。
2 ひょう　氷の粒。
3 あられ
4 いびつ　形がゆがんでいる様子。
5 まれ
6 くるわ　遊廓のこと。

◆次の熟語の読み方を答えてください。

1 2人の間に**軋轢**が生じた。

2 **贖罪**のつもりで働く。

3 前代未聞の**椿事**。

4 **猥褻**な行為に手を染める。

5 戦いは**熾烈**をきわめた。

6 **瀟洒**なホテルだ。

7 **燦然**と輝く太陽。

【解答と解説】

1 あつれき　仲が悪くなること。

2 しょくざい　善行を積んだり、お金や品物を出したりして犯した罪をつぐなうこと。

3 ちんじ　珍事と意味は同じ。

4 わいせつ

5 しれつ

6 しょうしゃ　あかぬけているること。

7 さんぜん

◆次は生き物の名前です。なんと読むでしょう。

1 蜥蜴…尾は切れやすいが再生する
2 蚯蚓…土の中にいる
3 羆…巨大なクマ
4 蝸牛…フランスでは食用にも
5 駱駝…月の砂漠を行く
6 金糸雀…♪歌を忘れた〜
7 蟋蟀…ポピュラーな秋の虫

【解答と解説】
1 とかげ
2 みみず 「蚯蚓ののたくるような字」は下手な字のたとえ。
3 ひぐま
4 かたつむり
5 らくだ ヒトコブとフタコブの2種類がある。
6 かなりあ 姿も鳴き声も美しい。
7 こおろぎ

◆次の四字熟語はなんと読むでしょう。

1 **贅沢三昧**に暮らす。
2 **順風満帆**の人生。
3 **依怙贔屓**する先生。
4 **盛者必衰**のことわり。
5 **四百四病**の外（ほか）。
6 **乳母日傘**で育つ。
7 **魑魅魍魎**を描いた絵。

【解答と解説】
1 ぜいたくざんまい
2 じゅんぷうまんぱん　物事がうまく進むこと。
3 えこひいき
4 じょうしゃひっすい　栄えたものは必ず衰えること。
5 しひゃくしびょう　人が生まれてから患う病気の総称。
6 おんばひがさ　大事に、または過保護に育てること。
7 ちみもうりょう　さまざまな化け物。

2 思わず辞書を引きたくなる難読漢字

◆次の太字部分の読み方を答えてください。

1 **雑駁**な知識。
2 **咄嗟**の場合に役立つ。
3 その案は現実と**乖離**している。
4 オペラ界の**巨星墜つ**。
5 **無辜**の民。
6 突然の訃報に**慟哭**した。

【解答と解説】

1 ざっぱく　雑然としていて、統一感がないこと。
2 とっさ　ごく短い時間。
3 かいり　背き離れること。
4 きょせいおつ　偉大な人の死を星にたとえていう言葉。
5 むこ　罪のないこと。
6 どうこく　悲しみに大声を上げて泣くこと。

7 人権の蹂躙だ。

8 彼の炯眼には恐れ入る。

9 男はあたりを睥睨した。

10 カリスマ経営者を招聘する。

11 彼女は嗚咽を漏らした。

12 情報の漏洩が発覚する。

13 怒濤の勢いで攻め込んだ。

14 杜撰な計画では失敗する。

---

7 じゅうりん　踏みにじること。

8 けいがん　キラキラ光る眼や鋭い目つきのこと。さらに、眼力や洞察力の鋭いことをいう。

9 へいげい　周りをにらみつけて、勢いを示すこと。

10 しょうへい　礼儀をつくして人を招くこと。

11 おえつ

12 ろうえい

13 どとう　この「怒」は勢いが激しいこと。

14 ずさん

15 まさに時代の**寵児**だ。

16 ああ、**眩暈**がする。

17 ワインの**蘊蓄**をかたむける。

18 彼とは**昵懇**の間柄だった。

19 これは業務の**範疇**を超えている。

20 **斟酌**を加える必要はない。

21 グルメ**垂涎**の一品。

22 **唾棄**すべき行為だ。

---

15 ちょうじ　「寵」は寵愛の寵で、もとはかわいがられる子どもの意。「時代の寵児」といえば、いわゆる時の人。

16 めまい

17 うんちく

18 じっこん　親密なこと。

19 はんちゅう

20 しんしゃく　相手の心情を考えて手加減すること。

21 すいぜん　たいそう欲しがること。

22 だき　唾を吐き棄てるように、忌み嫌うこと。

23 不平不満が**鬱積**する。

24 地面に**凹凸**がある。

25 地面が**凸凹**している。

26 あの社長は会長の**傀儡**だ。

27 彼はいつにもまして**饒舌**だった。

---

23 うっせき

24 おうとつ

25 でこぼこ　文字が逆になると、読み方が変わる。

26 かいらい　あやつり人形。転じて、人の意のままに操られて動く人のこと。

27 じょうぜつ　非常に多弁なこと。

3 詰る、纏う…「動作」の漢字、読めますか？

◆次の太字部分の読み方を答えてください。

1 人を**殺める**。
2 弓が**撓う**。
3 ひらりと身を**躱す**。
4 名作を**諳んずる**。
5 歴史を**繙く**。
6 強い口調で**詰る**。

【解答と解説】

1 あやめる
2 しなう　たわむこと。
3 かわす
4 そらんずる　暗記する。
5 ひもとく　本を開いて読むこと。
6 なじる　相手を問い詰めて責めること。

7 気持ちが**解れる**。

8 世の中に悪が**蔓延る**。

9 柵を軽々と**跨ぐ**。

10 病人を**労る**。

11 コートを身に**纏う**。

12 耳を**欹てる**。

13 胸に**蟠る**。

14 歌を**口遊む**。

---

7 ほぐれる

8 はびこる　送りがながなければ「まんえん」。いっぱいに広がる意で、悪いニュアンスで使う。

9 またぐ

10 いたわる

11 まとう　「纏める」なら「まとめる」と読む。

12 そばだてる　注意力を集中すること。

13 わだかまる　不満がたまる。

14 くちずさむ　心に浮かぶ詩や歌などを何となく軽く声に出すこと。

15 がっくりと**項垂れる**。

16 目を**瞑る**。

17 壁に**凭れる**。

18 夢かと思い、頰を**抓る**。

19 肩を**窄める**。

20 スルメを**炙る**。

21 社長の前で**鯱張る**。

22 ラーメン通だと**嘯く**。

---

15 うなだれる

16 つぶる「つむる」とも読むが、正しくは「つぶる」。

17 もたれる　寄りかかる。

18 つねる

19 すぼめる　小さく縮めること。

20 あぶる　火にあてて軽く焼くこと。

21 しゃちほこばる・しゃちこばる・しゃっちょこばる　緊張して体が硬くなること。

22 うそぶく　えらそうに大きなことをいう。

23 地面に**蹲う**。

24 失言を**窘める**。

25 張り切って**粧し込む**。

26 別れ話が**縺れる**。

27 松葉杖に**縋る**。

28 父親の深酒を**諫める**。

29 りんごを**齧る**。

30 夢が**潰える**。

---

23 つくばう　うずくまること。

24 たしなめる　注意して、反省をうながすこと。

25 めかしこむ

26 もつれる

27 すがる　しがみつく。「慈悲に縋る」など、頼りにするときにも使う。

28 いさめる　目上の人に対して忠告すること。

29 かじる　「話を聞きかじる」というときもこれ。

30 ついえる　失敗して、すっかりだめになること。

4 簡単そうで難しい「〜々」の読み方

◆太字で示した「〜々」の読み方を答えてください。

1 心は**千々**に乱れる。
2 **錚々**たるメンバーが集まった。
3 息子を**懇々**と諭（さと）す。
4 彼は**滔々**としゃべった。
5 一晩中、**悶々**と悩んだ。
6 **楚々**とした雰囲気。

【解答と解説】
1 ちぢ
2 そうそう　数多くの中でもとくに立派なこと。
3 こんこん
4 とうとう　よどみがないこと。
5 もんもん　心配してもだえ苦しむこと。
6 そそ　清らかで美しい様子。

7 **飄々**とした態度。

8 **昏々**と眠り続けた。

9 **森々**たる山道。

10 かくかく**然々**の内容。

11 **努々**考えたこともない。

12 こちとら**嫡々**の江戸っ子よ。

13 **怖々**扉を開く。

14 **煌々**と輝くライト。

---

7 ひょうひょう　何事にもとらわれない様子。

8 こんこん　意識を失っているさま。

9 しんしん　樹木などが高く、深く茂っているさま。

10 しかじか

11 ゆめゆめ　「夢々」と書くことも。

12 ちゃきちゃき　「ちゃくちゃく」が転じた。

13 こわごわ　怖いと思いながら、おそるおそる事に当たるさま。

14 こうこう

5 「分量や程度」をうまく表した漢字

◆次の太字部分の読み方を答えてください。

1 **強ち**はずれてはいない。
2 **悉く**うまくいかない。
3 この種の事件が**頓に**増えている。
4 成功は**偏に**彼のおかげだ。
5 余命**幾許**もない。
6 **只管**努力する。

【解答と解説】

1 あながち　必ずしも。
2 ことごとく　問題にしているもの全部。残らず。
3 とみに　急に。
4 ひとえに　ひたすら。もっぱら。
5 いくばく
6 ひたすら　そのことだけに集中するさま。いちずに。

7 道路の雪は**忽ち**消えた。

8 **疾うに**完成している。

9 こういうミスは**屢々**ある。

10 **一縷**の望みをかける。

11 **軈て**朝を迎えた。

12 友人と**偶**出会った。

13 **甚く**感動した。

14 **幽か**に光がさしてきた。

---

7 たちまち　非常に短い間に。

8 とうに　ずっと前に。

9 しばしば

10 いちる　「縷」は細い糸の意で、わずかにつながっている様子をいう。

11 やがて

12 たまたま

13 いたく　非常に。

14 かすか　形・音・動きなどが、存在するかどうかわからないほどはっきりしないさま。程度がわずかなさま。

6 少々古めかしいが今も現役な表現

◆次の太字部分の読み方を答えてください。

1 その分野では**夙に**有名だった。
2 **況して**彼には不可能だ。
3 **恰も**天使のようだった。
4 **苟も**彼は一家の長である。
5 総力を結集し、**而して**正面から事に当たる。
6 **聢と**承った。

【解答と解説】

1 つとに　ずっと以前から。早くから。
2 まして　いうまでもなく。
3 あたかも　まるで。
4 いやしくも　仮にも。
5 しかして　そのようにして。こうして。
6 しかと　たしかに。

7 **須く**励むべし。

8 **蓋し**名言である。

9 体調は**頗る**良好だ。

10 世界に**遍く**知れ渡る。

11 **徐に**起き上がった。

12 **然して**問題はない。

---

7 すべからく　ぜひとも。

8 けだし　まさしく。

9 すこぶる　非常に。

10 あまねく　広くゆきわたって。

11 おもむろに　ゆるやかに。「不意に」という意味ではない。

12 さして　それほど。

7 大人がよく使う気持ちや様子にまつわる言葉

◆次の太字部分の読み方を答えてください。

1 ほめられると**擽ったい**。

2 悲しみに**咽ぶ**。

3 寒さで手が**悴む**。

4 **惨憺**たる結果だった。

5 虫歯が**疼く**。

6 **矍鑠**とした老人。

【解答と解説】

1 くすぐったい

2 むせぶ　食べ物などでのどが詰まって息苦しくなる。涙でのどを詰まらせる。

3 かじかむ

4 さんたん

5 うずく

6 かくしゃく　年をとっていても、元気な様子。

7 **麗らか**な日差し。

8 人前で褒められて**面映ゆい**。

9 **淑やか**な物腰。

10 **嫣然**と微笑む。

11 赤ちゃんの**円ら**な瞳。

12 毎日、**齷齪**と働く。

13 **馥郁**たる香りが漂う。

14 彼は**顰めっ面**をした。

---

7 うららか　空が穏やかに晴れ渡っている様子。

8 おもはゆい　照れくさくてきまりが悪い。

9 しとやか

10 えんぜん　にっこりあでやかに笑う様子。「婉然」なら美しくしとやかなさま。

11 つぶら

12 あくせく　心にゆとりがなく、目先のことに追われ、せわしいさま。

13 ふくいく　いい香りが漂う様子。

14 しかめっつら

15 彼女は**唖然**とした。

16 子どもたちが**燥ぐ**。

17 **憐憫**の情がわく。

18 不当ないいがかりに**熱り立つ**。

19 輪郭を**暈して**描く。

20 **儚い**夢だった。

21 そんなに**僻む**なよ。

22 人目を**憚る**。

---

15 あぜん　驚きあきれて声も出ないさま。

16 はしゃぐ　調子づいて騒ぐ。「桶が燥ぐ」などと使えば、乾燥することをいう。

17 れんびん　あわれんで情けをかけること。

18 いきりたつ　非常に怒って興奮すること。「熱」を「いき」と読むケースは珍しい。

19 ぼかして

20 はかない

21 ひがむ

22 はばかる　気兼ねして遠慮すること。

23 **生温い**水だ。

24 熱で体が**怠い**。

25 耳を**劈く**歓声があがった。

26 情熱を**滾らせる**。

27 長湯をして**逆上せる**。

28 彼女に**躙り**寄る。

29 **長閑**な春の一日だった。

30 準備に追われて**大童**だ。

---

23 なまぬるい

24 だるい

25 つんざく　裂く、破るの意味。

26 たぎらせる　水などが激しく煮えること。感情が激しく起こる意味でも使う。

27 のぼせる　かっとなって理性を失う意味もある。

28 にじり　座ったままじりじりとひざを押しつけるようにして動くこと。

29 のどか

30 おおわらわ

8 難読だが会話には頻出する言い回し

◆次の太字部分の読み方を答えてください。

1 彼は**捌けた**性格だ。

2 **阿漕**な商売だなあ。

3 結果を思うと**暗澹**たる気持ちだ。

4 部長に**阿る**。

5 神を**冒瀆**する。

6 口汚く**罵る**。

【解答と解説】

1 さばけた

2 あこぎ　貪欲〈どんよく〉であくどく、無情なさま。

3 あんたん　見通しが立たず希望が持てないさま。

4 おもねる　相手の機嫌をとってこびへつらうこと。

5 ぼうとく

6 ののしる

7 そんな**我儘**は通らないよ。

8 証拠を**隠滅**した。

9 **鰾膠も無く**断られた。

10 **洒落臭い**ことをいうな。

11 証言に**信憑性**はない。

12 **剽軽**な人物が登場した。

13 不正が**罷り通る**。

14 芸能人に**譬える**なら…。

---

7 わがまま

8 いんめつ　あとかたなく隠し、なくすこと。

9 にべもなく　そっけないこと。そのさま。

10 しゃらくさい　分に似合わず、気の利いた風をする。生意気である。

11 しんぴょうせい

12 ひょうきん

13 まかりとおる　通用する意味。悪いニュアンスで使う。「罷る」だけなら、「通る」の謙譲語。

14 たとえ

15 勝負は**膠着**状態に陥った。

16 その話は**捏ち上げ**だ。

17 政治を**揶揄**した寸劇。

18 彼に**猜疑心**を抱く。

19 **退廃的**なムードが漂う。

20 **俄然**やる気が出てきた。

21 **悪辣**な手口だ。

22 経済状態が**逼迫**している。

---

15 こうちゃく　くっついて離れないこと。もしくは状態が固定化し変化しないこと。

16 でっちあげ

17 やゆ　からかうこと。

18 さいぎしん　相手の行為などを、ねたみ疑う気持ち。

19 たいはいてき　道徳的な気風がすたれて、不健全な状態をいう。

20 がぜん

21 あくらつ　きわめてたちが悪く、手厳しいこと。

22 ひっぱく　余裕がなく差し迫っている状態。

23 派閥の**領袖**。

24 **忌憚**のない意見を聞かせて。

25 **怨嗟**の声が聞こえる。

26 解決の**緒**が見えない。

27 **不逞の輩**め。

28 薬が**覿面**に効いた。

29 それを認めることは**吝かでない**。

30 時計を**一瞥**する。

---

23 りょうしゅう　リーダー。

24 きたん　遠慮。

25 えんさ　怨んでなげく（＝嗟）こと。

26 いとぐち　「糸口」とも書く。

27 ふていのやから　よくない連中のこと。

28 てきめん

29 やぶさかでない　惜しんだり、ケチなことを意味する「吝か」を否定しているので、快く～するという意味。

30 いちべつ　ちらっと目をやること。

9 どんな食べ物？ 漢字で書くと…

◆これらはすべて食べ物の名前です。なんと読むでしょう。

1 **鋤焼**…牛肉やネギをぐつぐつ
2 **心太**…つるんとしたのどごし
3 **蒟蒻**…おでんや田楽に
4 **拉麺**…しょうゆにとんこつ
5 **金団**…おせち料理でおなじみ
6 **外郎**…もちっとした食感が独特

【解答と解説】
1 すきやき
2 ところてん
3 こんにゃく
4 ラーメン 「拉」は引っ張ること。
5 きんとん
6 ういろう 「外郎売」は歌舞伎十八番の一つ。

7 焼売…肉だねを皮で包んで

8 羊羹…伝統的な和菓子

9 雲呑…ギョーザのような包み

10 土筆…早春の土手に

11 粽…五月五日のお節句に

12 雁擬…油揚げの一種

13 摘入…イワシのすり身を丸めて

14 豆腐皮…豆乳の薄い膜

---

7 シューマイ　点心の一つ。

8 ようかん

9 ワンタン　スープに浮かぶ姿を「雲」に見立てて、こう書く。

10 つくし　筆に似ているところから、「土筆」という字が当てられた。

11 ちまき　餅菓子。もともとはチガヤの葉で餅を巻いたことから、この名がついた。

12 がんもどき

13 つみれ

14 ゆば　「湯葉」とも書く。

10 じつは動物や昆虫が隠れている言葉

◆次の太字部分はなんと読むでしょう。

1 資金を**猫糞**した。

2 **鷹揚**にかまえる。

3 **蛇蝎**のごとく忌み嫌う。

4 **烏滸がましい**ようですが。

5 新聞記事を**鵜呑み**にする。

6 改革の**狼煙**をあげる。

【解答と解説】

1 ねこばば

2 おうよう　小事にこだわらず、おっとり構えるさま。

3 だかつ　人に嫌がられるものの総称。

4 おこがましい　「烏滸」はばかげていること。

5 うのみ

6 のろし

7 **鳩首**会談が開かれた。

8 態度が**豹変**した。

9 あいつは権力の**走狗**だ。

10 **狼藉**を働く。

11 2人の間に深い**亀裂**が生じた。

12 扉の**蝶番**がはずれた。

13 **鸚鵡返し**に答える。

14 **窮鼠**、猫を嚙（か）む。

---

7 きゅうしゅ　集まって相談すること。

8 ひょうへん

9 そうく　人の手先。狩猟用の狗〈いぬ〉からきた言葉。

10 ろうぜき　乱暴なふるまい。

11 きれつ

12 ちょうつがい　開き戸に使う金具。体の関節の意味も。

13 おうむがえし　人の言葉をそっくりそのまま返す。

14 きゅうそ　追い詰められたネズミ。「窮鼠猫を嚙む」は、窮地の弱者は強者を倒すことがあるという意味。

11 女が3人、牛が3頭…さてどう読む？

◆次の太字部分はなんと読むでしょう。

1 豪放**磊落**な男だ。
2 女3人寄れば**姦しい**。
3 宝石が**晶らか**にきらめく。
4 雷が**轟く**。
5 大混雑！ 人が**犇めく**。
6 **毳々しい**化粧だ。

【解答と解説】

1 らいらく 小さなことにこだわらないさま。
2 かしましい 騒がしいこと。
3 あきらか くもりやかげりがなく、澄んで輝くさま。
4 とどろく
5 ひしめく 大勢群がっている様子。
6 けばけばしい

7 そろそろ**粥**が炊ける。

8 **婪る**ように食う。

9 弱者を**嬲る**なんて最低だ。

10 虫が**蠢く**様子を観察する。

11 独裁政権下で**焚書**が行われた。

12 耳元で**囁く**ような音楽。

13 雪の上を**橇**で走る。

14 つれづれなるままに文章を**綴る**。

---

7 かゆ

8 むさぼる　欲深いこと。

9 なぶる　からかったりしていじめること。

10 うごめく　はっきりでなく、もぞもぞ動くこと。

11 ふんしょ　書物を焼却すること。通常は、支配者や政府などによる組織的で大規模なものをさす。

12 ささやく

13 そり

14 つづる　言葉を続けて文章を作る。または、破れなどを継ぎ合わせる。

⑫ 慣用句に登場する漢字、正しく読めますか？

◆太字の部分はなんと読むでしょう。語群の中から選んでください。ただし、使わない語も含まれています。

1 耳に**胼胝**ができる。
↓同じ話を何度も聞かされる

2 **堰**を切ったように泣き出した。
↓こらえていたものが一度に動き出す

3 **鶏冠**にくる。
↓非常に頭にくる

4 **噯**にも出さない。
↓少しもそぶりに出さない

【解答と解説】

1 たこ　この「たこ」は皮膚が硬くなった部分。

2 せき　貯水などのために、河川の流れをさえぎるように設けられた仕切り。

3 とさか

4 おくび　「噯」はゲップのこと。(例：以下同) 体調の悪さを─にも出さない。

5 **梲**が上がらない。
↓出世できずパッとしない

6 **箍**が緩む。
↓緊張が緩み、だらける

7 人事を**掌**にする。
↓思いのままにする

8 **埒**が明かない。
↓物事の片がつかない

【語群】せき・らち・あくび・うだつ・たが・てのひら・おくび・あたま・たなごころ・たこ・とさか・かまど

---

5 うだつ 「梲」は梁〈はり〉の上の棟木〈むなぎ〉を支える重要な柱。裕福な家でなければ、梲を上げられなかった。

6 たが 「箍」は桶や樽〈たる〉などにはめ、外側を締め固める輪のこと。

7 たなごころ

8 らち 君じゃ――が明かないから、責任者を呼んできてくれ。

◆次の慣用句はなんと読むでしょう。

1 **出藍の誉れ**
↓師匠より弟子が優れる

2 **踏鞴を踏む**
↓勢いあまって、から足を踏む

3 **危急存亡の秋**
↓生き残るか滅びるかの瀬戸際

4 **御為倒し**
↓相手のためと見せかけて
自分のいいようにする

5 **平仄が合わない**
↓筋道が立たない

【解答と解説】

1 しゅつらんのほまれ 「青は藍〈あい〉より出でて藍より青し」と同じ意味。

2 たたらをふむ 全力で追いかけて、曲がり角で思わず―を踏んだ。

3 ききゅうそんぼうのとき 「秋」を「とき」と読むのがポイント。

4 おためごかし ―の親切にはだまされないよ。

5 ひょうそくがあわない

6 **無聊をかこつ**
↓不遇な自分を嘆く

7 **暖簾に腕押し**
↓力を入れても手ごたえがない

8 **齟齬をきたす**
↓行き違い

9 **画餅に帰す**
↓絵に描いた餅

10 **黒白を争う**
↓事の是非をはっきりさせる

---

6 ぶりょうをかこつ　「無聊」は退屈なこと。「かこつ」は「託つ」と書き、心が満たされず不平をいうこと。

7 のれんにうでおし　「豆腐に鎹〈かすがい〉」「糠〈ぬか〉に釘」も同じ意味。

8 そごをきたす

9 がべいにきす　準備してきた計画も―。

10 こくびゃくをあらそう　「くろしろ」と読まないように。

13 時代小説ではおなじみの表現

◆太字の部分はなんと読むでしょう。

1 悪代官に**天誅**を下す。

2 **月代**を剃った。

3 **介錯**を頼む。

4 若い娘を**勾引かす**。

5 火事と**喧嘩**は江戸の華。

6 **褌**を締めてかかる。

【解答と解説】

1 てんちゅう　天罰の意味。

2 さかやき　まげを結った額から頭の中央にかけて、髪の毛を半月形に剃った部分。

3 かいしゃく　切腹する人の首を斬り落とすこと。

4 かどわかす　誘拐すること。

5 けんか

6 ふんどし

7 **拙者**は〜と申す者でござる。

8 新春を**寿ぐ**。

9 政敵を**呪詛**する。

10 **提灯**で足元を照らす。

11 座を取り持つ**幇間**。

12 **骰子**を振る。

13 この**旅籠**に泊まろう。

14 **徒ならぬ**雰囲気だ。

---

7 せっしゃ

8 ことほぐ　「言祝ぐ」とも書き、言葉をもって祝福すること。

9 じゅそ　呪い。

10 ちょうちん

11 ほうかん　いわゆる男芸者。酒席の興をそがないようにいろいろ気を配る人。「太鼓持ち」とも。

12 さい　サイコロのこと。「賽」や「采」とも書く。

13 はたご

14 ただならぬ　たいへんな。普通でない。

14 四阿、外連…日本の伝統文化にちなむ漢字

◆次の言葉はなんと読むでしょう。

1 **お点前**…けっこうな〜でした

2 **野点**…野外でお茶を立てること

3 **四阿**…屋根だけあって壁がない小屋

4 **蒔絵**…日本の代表的な漆工芸

5 **薫物**…お香のこと

6 **十二単**…昔の女官・女房の装束

【解答と解説】

1 おてまえ

2 のだて　1、2は茶道用語。

3 あずまや　「東屋」とも書く。

4 まきえ　漆〈うるし〉を塗った上に種を蒔〈ま〉くように色粉をまき、絵柄をつける。

5 たきもの

6 じゅうにひとえ

7 **噺家**…柳家、古今亭、三遊亭

8 **出囃子**…落語家が高座（こうざ）に上がるときに

9 **桟敷席**…ちょっと特別な見物席

10 **柿落とし**…新しい劇場の最初の興行

11 **外連**…大衆受けを狙った演出

12 **校倉造り**…建築様式

13 **経師屋**…掛け軸、屛風などを仕立てる人

14 **鼈甲**…櫛や眼鏡などに使われる

---

7 はなしか　落語家のこと。

8 でばやし

9 さじきせき

10 こけらおとし　新築のあと柿、つまり材木の削りくずを落としたことから。

11 けれん

12 あぜくらづくり　正倉院、東大寺、東寺などに残っている。

13 きょうじや

14 べっこう　カメ類の甲羅〈こうら〉の意。「鼈」一字なら、「すっぽん」と読む。

15 この三字熟語、自信をもって読めますか？

◆次の三字熟語の読み方を答えてください。

1 **長広舌**…えんえんと話し続ける

2 **修羅場**…激しい戦いの場

3 **十八番**…最も得意とする技や芸

4 **親不知**…最も遅く生える上下左右の奥歯

5 **破天荒**…前例がないこと

6 **十六夜**…陰暦の十六日の夜

【解答と解説】

1 ちょうこうぜつ　会社の将来について―をふるう。

2 しゅらば

3 おはこ　「歌舞伎十八番」は「じゅうはちばん」。

4 おやしらず

5 はてんこう　―な挑戦。

6 いざよい

7 蜃気楼…砂漠や海上に見える自然現象
8 五月雨…陰暦の五月に降る雨
9 醍醐味…一番のおもしろさ
10 偉丈夫…たくましくて立派な男
11 殺陣師…立ち回りの型を教える人
12 出鱈目…でまかせ、いい加減
13 登竜門…立身出世につながる関門
14 陰陽師…陰陽道の儀式などをつかさどる

---

7 しんきろう
8 さみだれ
9 だいごみ
10 いじょうふ　堂々たる―。
11 たてし　「さつじんし」は恐ろしい間違い。
12 でたらめ
13 とうりゅうもん　中国黄河の急流「竜門」を登った鯉は竜になるという伝説に由来。
14 おんみょうじ・おんようじ

16 読みはもちろん意味も覚えたい四字熟語

◆次の四字熟語は読み方が間違っています。正しく直してください。

1 **傍目八目**……×はためはちもく
↓当事者より傍らで見ている第三者のほうが本質がわかること

2 **喧々囂々**……×けんけんがくがく
↓多くの人が騒ぎ立てる様子

3 **侃々諤々**……×かんかんごうごう
↓正しいと思うことを主張すること

4 **知行合一**……×ちぎょうごういつ
↓知ることと実行することは本来は不可分であるということ

【解答と解説】

1 おかめはちもく　人の囲碁〈いご〉をわきから見ていると、対局者より八手も先まで手を読めるときがあるということから。

2 けんけんごうごう

3 かんかんがくがく　2と3を混同しないように。

4 ちこうごういつ

5 人品骨柄……×にんぴんこつがら
↓その人に備わっている品性

6 隠忍自重……×いんにんじじゅう
↓苦しみをこらえ、行動を慎むこと

7 悲喜交々……×ひきこうこう
↓喜びと悲しみが交互にやってくる

8 片言隻語……×かたことせきご
↓ちょっとした短い言葉

9 白砂青松……×はくさせいしょう
↓美しい浜辺の風景のこと

---

5 じんぴんこつがら　その人は、—いやしからぬ人物であった。

6 いんにんじちょう　「隠忍」は憤りや苦しみを外に出さずに、がまんすること。—して機会を待つ。

7 ひきこもごも　—の人事異動。

8 へんげんせきご　恩師の—を書き留める。

9 はくしゃせいしょう

◆次の四字熟語の読み方を答えてください。

1 **天衣無縫**な人柄が好ましい。

2 互いに**切磋琢磨**する。

3 友に裏切られ**切歯扼腕**する。

4 企画の成功に**欣喜雀躍**した。

5 なんだか**曖昧模糊**とした表現だ。

6 彼の発言は**隔靴掻痒**の感がある。

7 **阿鼻叫喚**の修羅場と化す。

【解答と解説】

1 てんいむほう　人柄が飾り気がなく、無邪気なさま。

2 せっさたくま

3 せっしやくわん　ひどく怒り、悔しがること。

4 きんきじゃくやく　嬉しくて小おどりすること。

5 あいまいもこ

6 かっかそうよう　もどかしく、はがゆいこと。

7 あびきょうかん　惨状を示す形容詞。

8 **臥薪嘗胆**を合言葉に励む。

9 彼女は**明眸皓歯**で気立てもいい。

10 あの弁明は**牽強付会**としか思えない。

11 **不撓不屈**の精神で臨む。

12 あのチームは**玉石混淆**だ。

13 ミスを**有耶無耶**にするな。

14 **虚心坦懐**に意見を述べあう。

---

8 がしんしょうたん　リベンジのために長期間、悔しさを忘れず試練に耐えること。

9 めいぼうこうし　美人のたとえ。

10 けんきょうふかい　自分に都合のいいように、理屈をこじつけること。

11 ふとうふくつ　どんな困難にも負けないことのたとえ。

12 ぎょくせきこんこう

13 うやむや　物事がはっきりせず曖昧なままであること。

14 きょしんたんかい　先入観やわだかまりのない心で物事に臨む態度。

17 習ったはずが微妙に読めない著名人

◆次の著名人の名前はなんと読むでしょう。

1 **伊能忠敬**…『大日本沿海輿地全図』を完成させた
2 **山上憶良**…奈良時代の歌人
3 **田山花袋**…明治の小説家
4 **二葉亭四迷**…明治の小説家・翻訳家
5 **在原業平**…平安前期の歌人
6 **大伴家持**…万葉の歌人

【解答と解説】
1 いのう・ただたか
2 やまのうえのおくら　代表作は『貧窮問答歌』。
3 たやま・かたい　代表作は『蒲団』『田舎教師』など。
4 ふたばてい・しめい
5 ありわらのなりひら
6 おおとものやかもち　『万葉集』を編纂した1人。

7 **菱川師宣**…江戸前期の浮世絵師

8 **有島武郎**…白樺派の作家

9 **角倉了以**…戦国〜江戸初期の京都の豪商

10 **本居宣長**…江戸中期の国学者

11 **稗田阿礼**…奈良時代の官人

12 **前島密**…郵便制度の創設者

---

7 ひしかわ・もろのぶ

8 ありしま・たけお 「たけろう」ではない。

9 すみのくら・りょうい

10 もとおり・のりなが 『古事記』や『源氏物語』の古典研究に業績を残した。

11 ひえだのあれ 彼が暗誦した『帝紀』『旧辞』が、のちに『古事記』となった。

12 まえじま・ひそか

18 あやふやになりがちな文学・歴史用語

◆次の言葉はなんと読むでしょう。

1 **蜻蛉日記**…女性の書いた最初の日記文学
2 **日本霊異記**…日本最古の仏教説話集
3 **日本永代蔵**…井原西鶴の浮世草子
4 **梁塵秘抄**…後白河法皇撰の歌謡集
5 **歎異抄**…鎌倉時代の法語集
6 **笈の小文**…松尾芭蕉の俳諧紀行文学

【解答と解説】

1 かげろうにっき　右大将藤原道綱母が記した。
2 にほんりょういき　平安前期に成立。
3 にっぽんえいたいぐら
4 りょうじんひしょう
5 たんにしょう　親鸞〈しんらん〉の法語を記したもの。
6 おいのこぶみ

7 金色夜叉…尾崎紅葉の小説

8 婦系図…泉鏡花の小説

9 濹東綺譚…永井荷風の最高傑作

10 蓼食ふ虫…谷崎潤一郎の小説

11 曽根崎心中…近松門左衛門の世話物浄瑠璃

12 壬申の乱…672年に起きた戦い

13 戊辰戦争…討幕派と旧幕府軍の戦い

14 賤ケ岳の合戦…羽柴秀吉vs柴田勝家

---

7 こんじきやしゃ

8 おんなけいず 「ふけいず」ではない。

9 ぼくとうきたん

10 たでくうむし

11 そねざきしんじゅう

12 じんしんのらん 天智天皇の弟の大海人皇子と天智天皇の子である大友皇子が戦い、大海人皇子が勝利した。

13 ぼしんせんそう

14 しずがたけのかっせん 羽柴秀吉が勝利し、織田信長の天下を継承した。

19 「簡単な日本語」を、わざわざ難しくした漢字

◆ヒントを参考に、次の言葉の読み方を答えてください。

1 **午餐**…昼食のこと
2 **間諜**…スパイのこと
3 **誤謬**…ミスのこと
4 **鶴首して**…待ちわびること
5 **塵埃**…俗世間
6 **瑕疵**…キズや欠点

【解答と解説】

1 ごさん 「餐」は食事の意。
2 かんちょう
3 ごびゅう 「謬」は「誤」と同じで間違うという意味。
4 かくしゅして
5 じんあい それぞれ訓読みはチリとホコリで、ゴミという意味も。—を逃れる。
6 かし

7 陥穽…人を陥れる策略
8 眷顧…ひいきにする
9 書肆…本屋さん
10 梗概…あらすじ
11 料簡…考え
12 泥濘…ぬかるみ
13 幇助…助けること
14 瀑布…滝のこと

---

7 かんせい 「穽」は落とし穴という意味。
8 けんこ 名人から―をこうむる。
9 しょし
10 こうがい 小説の―。
11 りょうけん 「簡」は「かん」ではなく、「けん」と読む。あの人は―が狭い。
12 でいねい 「泥濘む」と書けば、「ぬかるむ」と読む。
13 ほうじょ 「自殺幇助」のように、犯罪を手助けする意も。
14 ばくふ

君の名は？ 読めたらすごい難読名字——漢字おもしろ雑学❹

日本人の名字はバラエティ豊かです。中には漢字からは想像できないような読み方をする名字もあります。では、次の難読名字はなんと読むでしょう。

①月見里　②小鳥遊　③月日　④笛吹　⑤一尺八寸
⑥一口　⑦四十八願　⑧薬袋　⑨善知鳥　⑩樹神
⑪四月一日　⑫六月一日　⑬八月一日　⑭十二月晦　⑮十

〈答え〉
①やまなし　②たかなし　③おちふり　④うすい　⑤かまつか
⑥いもあらい　⑦よいなら　⑧みない　⑨うとう　⑩こだま
⑪わたぬき　⑫うりわり　⑬ほずみ　⑭ひづめ
⑮これは読み方がたくさん。よこたて、つじ、つなし、もげき、もぎき、もぎ、ももき、えだなし
（注）ここに示した以外の読み方をする場合もあります。

8章●書き・免許皆伝編

ハイクラスの教養をものにしたいあなたに

① これが書ければ漢検も楽勝?!

◆次の慣用句のカタカナを漢字にしてください。

1　ウツツを抜かす↓熱中して心を奪われる

2　ナリを潜める↓表立った行動をやめる

3　シナを作る↓色っぽく媚びる

4　キュウを据える↓懲らしめる

【解答と解説】

1　現　（例：以下同）遊びに—を抜かしていないで勉強しなさい。

2　鳴り　—を潜めてチャンスを待つ。

3　品（科）

4　灸　今度こそ息子に—を据えてやらなければ。

◆次のカタカナを漢字にしてください。

1　この選挙区は保守の**ガジョウ**だ。

2　動きの**ビンショウ**な小動物。

3　無事に終わって**アンド**した。

4　**キョウジュン**の意を示す。

5　思わず**グチ**をこぼす。

【解答と解説】

1　牙城　巨大な組織や勢力の中心。

2　敏捷　動作や反応が素早いこと。

3　安堵　安心すること。なお「堵」は垣根のこと。もとは、垣根の内にあって安らかに過ごすことの意。

4　恭順　心から従うこと。

5　愚痴　もとは仏教語で、事実についての無知を意味する。

◆次のカタカナは三字熟語です。漢字にしてください。

1 **フセッセイ**がたたる。［　　］

2 **ジダンダ**を踏んで泣く子。［　　］

3 その資源は**ムジンゾウ**にある。［　　］

4 美術愛好家の**クラブ**に入っている。［　　］

5 思い出が**ソウマトウ**のように浮かんだ。［　　］

【解答と解説】

1 不摂生　健康に気をつけず、体に悪いことをする。

2 地団駄　悔しがり、激しく何回も足を踏み鳴らすこと。

3 無尽蔵　限りがないこと。

4 倶楽部

5 走馬灯　回り灯籠〈とうろう〉のこと。ロウソクに灯をともすと、その熱で内側の絵が回転し、外枠に影絵が映る。

◆次の四字熟語、漢字を入れて□を埋めてください。

1 □□**千金**↓少ない元手で大もうけ

2 □□**吐息**↓困難なときに出るため息

3 □□**馬食**↓やたらと飲み食いする

4 □□**万丈**↓変化が激しい

5 □□**無稽**↓根拠がなく現実性がない

6 □□**暮四**↓口先で人をだます

7 **森羅**□□↓宇宙にあるすべてのものや事象

【解答と解説】

1 一攫 ―を夢みて宝くじを買う。

2 青息 『桃色吐息』は曲のタイトル。

3 鯨飲 鯨飲は酒をがぶ飲みすること。

4 波瀾 ―の人生だった。

5 荒唐 彼の話は―だ。

6 朝三 目先の差にとらわれ、結果は同じになると気づかないことにも使う。

7 万象

2 日本語力も試される日常漢字

◆次のカタカナを漢字にしてください。

1 手榴弾が**サクレツ**した。

2 医療の**シンズイ**は予防にある。

3 良心の**カシャク**に耐えられない。

4 **カンプ**なきまでにやっつける。

【解答と解説】

1 炸裂

2 真髄（神髄） 物事の最も大事な所・意義。

3 呵責 責め苦しめること。「苛」と間違えないように注意。

4 完膚 「完膚なき」とは、「無傷な箇所がないほど徹底的に」という意味。

5 両国はついに**ワボク**した。

6 他人を**グロウ**する。

7 情報隠蔽(いんぺい)は政治の**ダラク**だ。

8 話の**ツジツマ**を合わせる。

9 女心の**キビ**にうとい。

10 宝飾店で**セットウ**事件が起きた。

---

5 和睦　争いをやめて仲直りすること。

6 愚弄　人をみくびって馬鹿にすること。

7 堕落　生活が崩れ、品行がいやしくなる。価値を失うこと。

8 辻褄　物事の筋道。「辻」は裁縫で縫目が十文字に合うところ。「褄」は着物の裾の左右が合うところという意味である。

9 機微　簡単にはわからない微妙な事情。

10 窃盗

11 英語を**リュウチョウ**に話す。

12 開始直前に**オジケ**づいた。

13 社内の空気が**シカン**している。

14 その心配は**キユウ**にすぎないよ。

15 あいつの顔を見ると**ムシズ**が走る。

---

11 流暢　なめらかで言いよどみがないこと。

12 怖気　怖いと感じる気持ち。恐怖心。

13 弛緩　ゆるむこと。

14 杞憂　不必要な取り越し苦労をすること。古代中国の杞の国の人が天が崩れ落ちることを心配したという『列子』の故事から。

15 虫酸　胃から上がってくる酸っぱい液。忌み嫌うほど気持ち悪がることを形容する。

16 幕府が**ガカイ**する。

17 **シュウワイ**の罪で逮捕された。

18 学芸会のような**フンパン**ものの芝居。

19 有名人の**シュウブン**が流れた。

---

16 瓦解　一部の崩れから全体が崩れること。

17 収賄　賄賂〈わいろ〉として金品を受け取ること。反対は贈賄。

18 噴飯　米粒をふきだすほど、ばかばかしくておかしいこと。

19 醜聞　情事や不正な事件などの聞き苦しい評判。

3 キザ、スイキョウ…正しい漢字を選べますか？

◆次のカタカナを漢字で書くと、（　）内のどちらになるでしょう。

1 **キザ**（綺障・気障）な服を着る。

2 **コソク**（姑息・姑俗）な手段をとる。

3 **ウロン**（胡論・胡乱）な行動。

4 彼は**ゴウキ**（豪毅・剛毅）な性格だ。

5 **スイキョウ**（酔狂・酔享）にもほどがある。

6 父は**ジュウメン**（十面・渋面）をつくる。

【解答と解説】

1 気障

2 姑息　その場しのぎ。

3 胡乱　不確かで怪しいこと。

4 剛毅　しっかりしていて強いこと。

5 酔狂　ちょっと変わったものを好む物好き。「粋狂」とも書く。

6 渋面　しぶい表情。

7 **シュンジュン**（逡巡・俊巡）する。

8 坊主憎けりゃ**ケサ**（径裟・袈裟）まで憎い。

9 **スゴウデ**（辣腕・凄腕）の捜査官。

10 **キレイ**（寄麗・綺麗）な花が咲く。

11 **ニュウワ**（乳和・柔和）な顔で眠る。

12 色香に**ゲンワク**（眩惑・幻惑）される。

13 **セツナテキ**（殺那的・刹那的）な行動に走る。

14 あの**ホウトウ**（放湯・放蕩）息子め！

---

7 逡巡　ぐずぐずとためらうこと。

8 袈裟　僧衣の一つ。

9 凄腕　ずば抜けて優れた腕前。

10 綺麗

11 柔和　やさしくておとなしい。

12 眩惑　目がくらんで惑うこと。

13 刹那的　ほんの一瞬であるさま。瞬間的。

14 放蕩

4 書ければ鼻高々な動詞や形容詞

◆次のカタカナを送りがなまで含めて漢字にしてください。

1 スカートの裾が**ヒルガエル**。

2 その分野には**ウトイ**もので。

3 苦しみに身を**モダエル**。

4 暴利を**ムサボル**。

【解答と解説】

1 翻る

2 疎い　その人と親しくないこと。または、物事や事情に通じていないこと。

3 悶える　苦痛などのために体をよじらせること。

4 貪る　満足することなく欲しがる。または、がつがつ食べる意味でも使う。

5 **ツタナイ**英語でなんとか話した。

6 **サゲスム**ような目で見るな。

7 罪の意識に**サイナマレル**。

8 額から汗が**シタタル**。

9 **チナマグサイ**事件が起きた。

---

5 拙い　巧みでないこと。「――者ですが、どうぞよろしく」などというと、能力、天性が劣っていることをへりくだっていうことになる。

6 蔑む　あなどり軽んずること。見下す。

7 苛まれる　精神や体をひどく苦しめられること。

8 滴る　液体が、しずくとなってたれて落ちる。

9 血腥い　「血生臭い」と書かないように。

5 どこがヘン？ 勘違いしやすい漢字

◆次の太字部分は間違っています。正しい漢字に直してください。

1 諸般の事情を**かんが見る**。

2 **念ごろ**な関係。

3 **硬くな**に拒否する。

4 **大むね**うまくいった。

【解答と解説】

1 鑑みる　過去の例や現在の事情をよく考え合わせること。

2 懇ろ　非常に親しいこと。友人関係、男女関係にいう。「―にもてなす」というと心を込めてするさまをいう。

3 頑な　頑固。

4 概ね　だいたいの主旨。あらまし。

5　親を**無いがしろ**にする。［　　］

6　ガックリして**うつ向く**。［　　］

7　**言わゆる**天才とは違うタイプだ。［　　］

8　**良ろしく**お願いします。［　　］

5　蔑ろ　軽く扱うこと。無視するさま。

6　俯く　顔が正面に向かずやや斜め下を向く。

7　所謂　世間一般でよくいわれる、俗にいう、という意味。

8　宜しく

⑥ 日本語力が試される正しい漢字探し

◆次のカタカナと同じ漢字を書くものを、各群のa～eのうちから、それぞれ一つずつ選んでください。

1 **ハン**分
a・胸を**ソ**らす
b・仕事が**イタ**につく
c・思い**ナカ**ば
d・罪を**オカ**す
e・船の**ホ**を張る

2 **ソク**縛
a・何かが**タ**りない
b・参加を**ウナガ**す
c・花**タバ**を贈る
d・互いの**イキ**が合う
e・**スミ**やかに行う

【解答と解説】

1 半分 a 反らす b 板 c 半ば d 犯す e 帆……正解はc
b「板につく」とは、動作や態度、服装、職業などがその人にふさわしく、よくなじんでいること。

2 束縛 a 足りない b 促す c 花束 d 息 e 速やか……正解はc

3 前**テイ**

a・商品が**ソコ**をつく
b・法律を**サダ**める
c・わがままにも**ホド**がある
d・天井が**ヒク**い
e・荷物を**サ**げる

4 賛**セイ**

a・チームは5人から**ナ**る
b・説明を**ハブ**く
c・規則**タダ**しい
d・**コエ**を大にする
e・**イキオ**いが強い

5 直**セツ**

a・よく**キ**れるはさみ
b・指**オ**り数える
c・木に竹を**ツ**ぐ
d・事務所を**モウ**ける
e・相手を**ト**き伏せる

---

3 前提 a 底 b 定める c 程 d 低い e 提げる……正解はe

4 賛成 a 成る b 省く c 正しい d 声 e 勢い……正解はa

5 直接 a 切れる b 折り c 接ぐ d 設ける e 説き伏せる……正解はc
c「接ぐ」は接ぎ木をすること。
e「説き伏せる」は、説得して、こちらの考えに従わせること。

◆次のaとbは同じ読み方をします。では、□にはどんな漢字が入るでしょう。

1 イシ
a・□□表示をする。
b・□□薄弱で困る。

2 シンソウ
a・□□心理の研究。
b・□□の令嬢だ。

3 カイコ
a・画家の□□展を開く。
b・□□趣味な部屋。

【解答と解説】

1 a・意思 b・意志 「意思」と「意志」の使い分けに注意。

2 a・深層 b・深窓 「深層」は物事の奥深く隠れた部分。「深窓」は家の奥深いところ。

3 a・回顧 b・懐古 「回顧」は過去を振り返ること。「懐古」は昔を懐かしむこと。

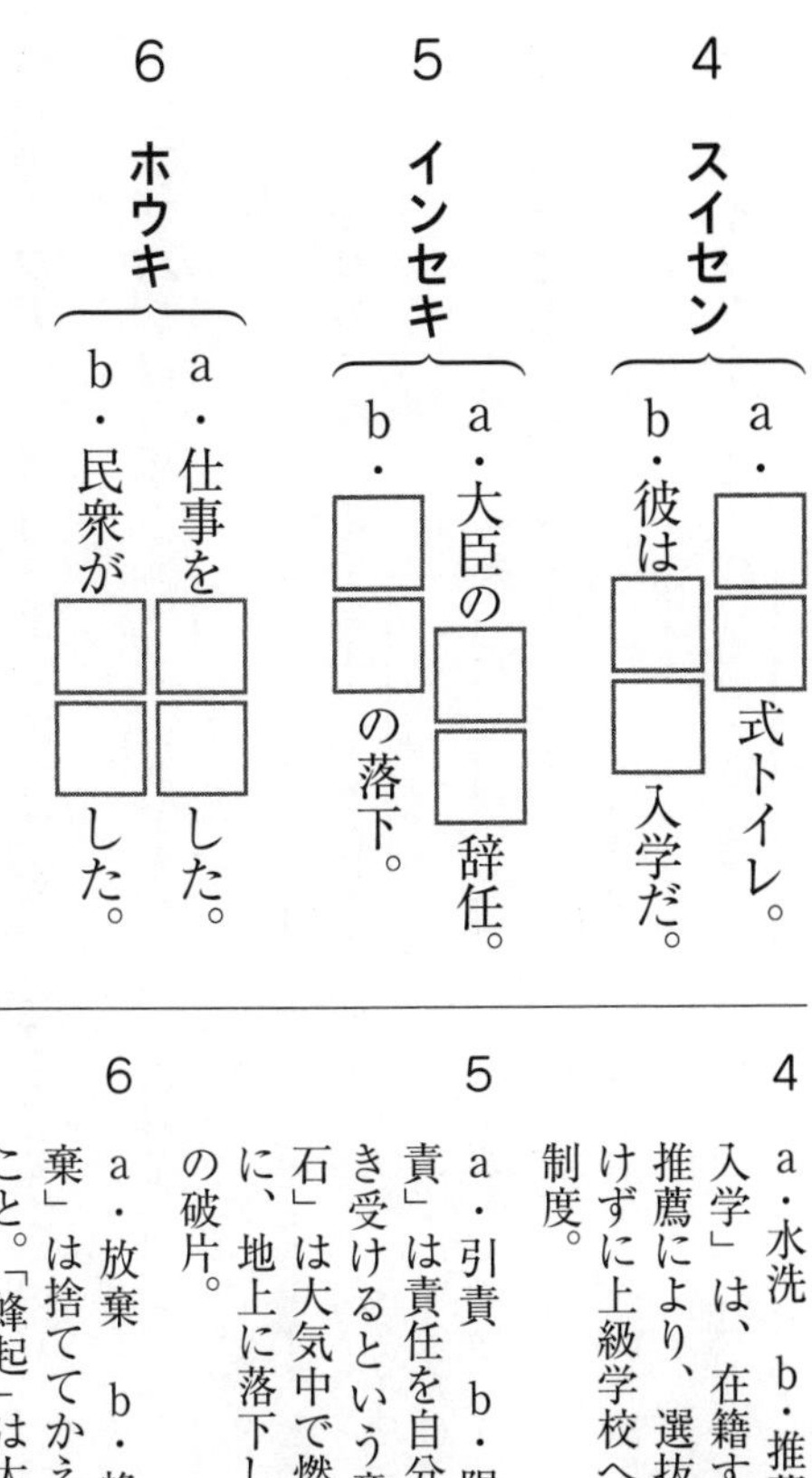

4　a・水洗　b・推薦　「推薦入学」は、在籍する学校の推薦により、選抜試験を受けずに上級学校へ入学する制度。

5　a・引責　b・隕石　「引責」は責任を自分の身に引き受けるという意味。「隕石」は大気中で燃えきらずに、地上に落下した小惑星の破片。

6　a・放棄　b・蜂起　「放棄」は捨ててかえりみないこと。「蜂起」は大勢の人が一斉に立ち上がること。

7 意味も理解しておきたいことわざ・慣用句

◆次のカタカナの部分を漢字にして完成させてください。

1 アブハチ取らず…欲張って失敗する [ ]

2 ゲキリンに触れる…目上の人を激怒させる [ ]

3 ショウビの急…切迫しているさま [ ]

4 ハイフをえぐる…強い衝撃を与える [ ]

【解答と解説】

1 虻蜂 「二兎を追う者は一兎をも得ず」と同じ。

2 逆鱗 もともとは竜のあごの下に1枚だけ逆さに生えるという鱗〈うろこ〉のことをいった。

3 焦眉 その課題は─だ。

4 肺腑 「肺腑」は急所の意。

5 **セコ**に長ける…世渡り上手 □

6 **ウゴウ**の衆…規律のない未熟な人の集まり □

7 **ハシゴ**を外される…味方に裏切られる □

8 **ダット**の如し…動作が素早い □

9 **カクセイ**の感…時代の移り変わりを感じる □

---

5 世故　世の中の実情・慣習のこと。若いのに―に長けた男だ。

6 烏合　烏〈からす〉がばらばらに寄り集まることから。

7 梯子　思わぬところで―を外された。

8 脱兎　脱兎＝逃げ去る兎は、非常に素早いもののたとえ。いたずらがばれて―の如く逃げ出した。

9 隔世　学生時代とは―の感がある。

8 「〜々」のつく四字熟語はこんなにある

◆次の□には「〜々」という漢字が入ります。語群から適切なものを選び、四字熟語を完成させてください。

1 虎視□□…野望を果たす機会をうかがう

2 意気□□…得意で気持ちが高揚する

3 □□自適…俗世を離れ心のままに楽しむ

4 和気□□…集団がなごやかなこと

5 死屍□□…死体がたくさんある

【解答と解説】

1 虎視眈々〈こしたんたん〉

2 意気揚々〈いきようよう〉決勝でライバルを倒し、われらは―と引き上げた。

3 悠々自適〈ゆうゆうじてき〉

4 和気藹々〈わきあいあい〉―としたムード。

5 死屍累々〈ししるいるい〉

6 余裕□□…余裕たっぷり

7 気息□□…息も絶え絶え

8 天網□□…天は悪を見逃さない

9 □□発止…激しく議論をする

10 □□辛苦…苦労や努力を重ねる

11 □□大笑…大声で笑う

12 唯々□□…何でも従うこと

【語群】揚々・綽々・粒々・諤々・諾々・眈々・悠々・奄々・累々・呵々・丁々・恢々

---

6 余裕綽々〈よゆうしゃくしゃく〉

7 気息奄々〈きそくえんえん〉不況が続き、会社は—だ。

8 天網恢々〈てんもうかいかい〉—疎にして漏らさず。

9 丁々発止〈ちょうちょうはっし〉

10 粒々辛苦〈りゅうりゅうしんく〉—の末に完成した。

11 呵々大笑〈かかたいしょう〉

12 唯々諾々〈いいだくだく〉

9 書き間違い注意！ 気の抜けない四字熟語

◆次の四字熟語には間違いがあります。正しく直してください。

1 **異句同音**…口をそろえていう

2 **短刀直入**…前置きなしに核心に入る

3 **一鳥一石**…短い時間

4 **朝礼暮改**…命令がすぐに変更される

【解答と解説】

1 異口同音〈いくどうおん〉この映画を見た人は―に泣けたという。

2 単刀直入〈たんとうちょくにゅう〉

3 一朝一夕〈いっちょういっせき〉「一石二鳥」と混同しないように。

4 朝令暮改〈ちょうれいぼかい〉

5 **意味慎重**…意味が深く味わいがある [ ]

6 **厚顔無知**…あつかましくて恥知らず [ ]

7 **五里夢中**…状況がわからず判断できない [ ]

8 **和洋折中**…日本と西洋の取り合わせ [ ]

9 **野郎自大**…自分の力量を知らずにいばる [ ]

---

5 意味深長〈いみしんちょう〉

6 厚顔無恥〈こうがんむち〉ものを知らないのではなく、「恥」を知らない。——もはなはだしい。

7 五里霧中〈ごりむちゅう〉

8 和洋折衷〈わようせっちゅう〉「衷」とは偏らず中を取るという意味。

9 夜郎自大〈やろうじだい〉漢の強さを知らなかった夜郎という少数民族が、漢の使者に尊大な態度をとった故事から。

◆次のカタカナを漢字にしてください。

1 窃盗団を**イチモウダジン**にする。

2 **セイレンケッパク**の身だ。

3 **タイゼンジジャク**とした態度。

4 これは**センザイイチグウ**の好機だ。

5 **サンサンゴゴ**帰っていった。

【解答と解説】

1 一網打尽　悪人一味などを一挙に捕らえることによく使われる。

2 清廉潔白　清く正しく、行いにやましいところが一つもないこと。

3 泰然自若　ゆったり落ち着いているという意味。

4 千載一遇　めったにないこと。

5 三々五々

※本書は「日本語倶楽部」が、KAWADE夢文庫でこれまで発表した『そんな漢字力では恥をかく』『読めないと恥ずかしい漢字1000』『読めないと笑われる漢字1000』『読めたらスゴイ！漢字1000』をもとに大幅な加筆・修正を加えたものです。

KAWADE
夢文庫

漢字力
底上げドリル

二〇二〇年二月一日　初版発行

著　者…………日本語倶楽部［編］
企画・編集……夢の設計社
東京都新宿区山吹町二六一〒162-0801
☎〇三―三二六七―七八五一（編集）
発行者…………小野寺優
発行所…………河出書房新社
東京都渋谷区千駄ヶ谷二―三二―二〒151-0051
☎〇三―三四〇四―一二〇一（営業）
http://www.kawade.co.jp/
装　幀…………こやまたかこ
印刷・製本……中央精版印刷株式会社
DTP…………アルファヴィル
Printed in Japan ISBN978-4-309-48534-8